JN105852

Transforming our World

世界を変える

エコシステム資本主義を目指して

はじめに

2017年「人間の尊厳と、多様な生命の尊厳を守る」ことを目的に企業経営者の有志連合、持続可能経済協会（Sustainable Economy Association）を設立しました。

われわれは、利益のみを追求する資本主義の限界を超え、人類共通の社会課題の解決を通じて、社会価値と企業価値の双方を同時に創造するような未来設計と、持続可能な市場の開発に挑戦しました。

現在、精神的な苦しみを抱えながら仕事をする人が増加しています。この状況を改善不可能と考える世の中なら、また、そのように働く人が産業を支える社会ならば、早急に根本的な見直しが求められるでしょう。

これからは、仕事をすればするほど苦労はするが同時に心が楽しくなり、その結果、人生が豊かになる新しい事業の構築が必要です。

そこでわれわれは、持続可能経営（Sustainable Management）を提案します。事業を通じて、胎児から高齢者まで人間の成長過程においてすべての人に生きる希望と力を与え、生まれたときから最期の瞬間までその人らしく生きる支援を行うのです。人々がそのような生活を享受できるならば、人間関係と自然環境の豊かさは増大します。ミクロからマクロまで統合した事業領域をもつ新しい産業を生み出すことで、持続可能な社会を目指します。

持続可能な社会において、事業はそれを行う人の思想を表現するものとなるでしょう。事業はライフワークになり、人生そのものになっていくのです。このような、仕事をすればするほど豊かな人生になる産業の創出に、われわれは挑戦しました。

しかし設立の3年後、新型コロナ・パンデミックが発生し、2022年にはロシアによるウクライナ侵攻が始まり、世界のルールチェンジが起き始めました。われわれはこれを時代のメッセージととらえ、歴史の転換点と認識しています。そこでこのたび、新秩序に向けて準備してきた5年間の学びと、この時代認識を記録にとどめるとともに、新しい時代への指針を示すことにしました。

理想社会とはどのような社会なのか？

明治維新を担った先人たちの理想社会とは、どのようなものだったのか？

江戸時代は、武士や百姓、町民など人々の身分が固定されている社会でした。身分は世襲を常としていたので血族が重要な意味をもちました。その当時、先人たちが描いた理想社会は、産業革命を成し遂げた西欧の工業社会における実力主義社会であり、当時の主であった士農工商の身分制社会から天皇を中心とした平等社会への転換が期待されました。

武力ではなく資本主義という実力主義が血族主義を破壊し、天皇のもとに人々は平等という考えが身分制度を破壊する――そのような期待が希望のエネルギーとなって新しい社会をつくったのだと思います。

明治維新後、新政府は1871年に廃藩置県を断行し、中央集権国家の構築を開始しました。翌年の1872年には、学制を定めて学校教育の充実に力を入れ、富国強兵や工業社会を理想とした教育を行いました。その内容は「決まった時間に学校へ来なさい、共通言語である国語を学びなさい！」というような、産業の支えとなる機械を滞りなく動かすためのものでした。江戸時代の、文字の読み書きや計算などを教えた寺子屋とは大きく異なっていました。明治新政府が行ったのは、理想社会のための廃藩置県であり、教育制度だったのです。


2023年における理想社会とは、どのようなものでしょうか。

日本では、少子高齢化による人口構造の変化や原発・エネルギー問題など、近い将来多くの国が直面するであろう課題が世界に先駆けて発生しています。物質的に豊かな国でありながら、若者の死因のトップが自殺です。われわれは課題先進国という状況にありながら、理想社会を描けているのでしょうか？

不安が増大するなかで、人々は現実社会しか見なくなり、理想を描くことをやめました。国家も、行政官僚や政治家という公務員も、短期的な利益を重視する企業もみな、理想社会を描けていません。

理想社会を見たいか！
理想社会を知りたいか！

理想社会は誰も取り残さない、「孤独から解放」する社会でなければなりません。限りある地球の生態系サービスが増大する社会でなければなりません。

その条件を満たす社会は、すべての生き物がたがいに依存し、関係し、影響し合い、変化し続ける、関係性を基盤とした「エコシステム資本主義社会」です。
そのエコシステム資本主義社会の解像度を上げていかなければなりません。

その社会に必要な「教育」とは？
その社会に必要な「国家」とは？
その社会に必要な「産業」とは？

本書を通じてお伝えしたいと思います。

持続可能経済協会はこれまでに研究会、シンポジウム、会議などを各地で開催してまいりましたが、２０２２年11月に開催した最終フォーラムをひと区切りとしてその活動をひとまず終えることにいたしました。

本書は、その最終フォーラムにおける各氏の基調講演や鼎談、パネルディスカッションを記録し、併せて協会のこれまでの歩みをご報告するものとして制作されました。内容に関しては事後必要に応じて加筆・調整していることを付記しておきます。

この5年間の活動における関係各位のご理解とご努力に心からの敬意を表します。本書で提起した問題や展望について読者諸氏のご関心を賜りますなら、それは協会設立とその活動の本意の持続にほかなりません。

熊野英介
持続可能経済協会　代表理事
アミタホールディングス代表取締役会長 兼 ＣＶＯ

1 あしたを変える未来設計の視座　熊野英介

2 Transforming our world：世界を変える

最終フォーラム

1 あしたを変える未来設計の視座

熊野英介

くまの・えいすけ／持続可能経済協会代表理事。アミタホールディングス株式会社代表取締役会長兼ＣＶＯ。１９５６年兵庫県生まれ。不確実性の高い時代の経営スタイルとして「エコシステム経営」を提唱し、ステークホルダーとの共創によるサプライチェーンの最適化や循環型事業の創出に取り組む。

1 豊かな関係性を守る自由

地球の生命システムは今、人類の尽きない欲望を満たすために弱り、崩壊しかけています。人間は自らの幸福のために「いのちの尊厳」が守られない社会をつくってしまいました。個人が幸せになればなるほど、社会が不幸せになる誤作動を起こしているのです。

これから目指す新しい世界は、個人が幸せになればなるほど、社会も幸せになる「正作動」でなければなりません。一人ひとりの幸せの認識を拡張し、個人と社会の幸せが融合する価値観が広がっていく社会であるべきなのです。

個人の幸せとは、尊厳が守られることだと言い換えることができます。尊厳とは「自分らしくあること」を守る権利であり、自分らしくあるための関係性を必要とする権利です。同時に、その関係性を守る義務を負います。つまり「いのちの尊厳を守る」とは、自分らしくあり続けるための生命の関係性を守り、守られながら、豊かにすることです。おそらく、多くの生命の尊厳を守ろうと意識できるのは、数ある生物の中で人間だけだと思います。

個人が、豊かな関係性を守る範囲内での自由を獲得し、さらにその範囲を広げることができたならば、得られる幸せもその分増えていきます。なぜなら、個人の幸せは社会の幸せと融合されるため、自分にとっての豊かな関係性が相手にとっても豊かな関係性となり、双方に豊かな関係性が築かれることで、幸せが増大していくからです。このような関係性のネットワークが、社会に正作動をもたらすと私は考えています。

「働けば働くほど、作れば作るほど、買えば買うほど、暮らせば暮らすほど、自然資本と人間関係資本が増大する社会」の実現に向けた動きは、もう目の前まで来ています。

2 プロローグ

誤作動の始まり

私たちは、幸せになろうとして不幸になった——そのような現実はどこから始まったのか歴史を紐解いてみたいと思います。

産業革命から市民革命を経て、近代がつくられて150年が経った頃、人類史上初の世界大戦となった第1次世界大戦が1914〜1918年に起こりました。

そのさなかの1917年にロシア帝国で2度の革命が起きました。人類史上初の社会主義国の建国につながるロシア革命です。[1]

また、同時期の1918〜1919年にスペイン風邪が世界的に流行しました。全世界で5億人が感染したとされ、これは当時の世界人口（18〜19億人）のおよそ27パーセントにあたりました。死者数は5000万〜1億人と推定され、世界人口のおよそ5パーセントが死亡しました。ちなみに、全世界における今回の新型コロナ・パンデミックによる死者数は、2023年3月までで686万人と記録されています。いかにスペイン風邪が猛威をふるったかがお分かりいただけるでしょう。そして、1929年に起きた人類史上初の世界恐慌により、およそ10年近く世界経済は不況に陥りました。[2]

さらに、1939〜1945年に第2次世界大戦が起こり、全世界規模の戦争が勃発しました。1914〜1945年のたった31年間で、第1次世界大戦、ロシア革命、スペイン風邪、世界恐慌、第2次世界大戦が起きたのです。

増大した人々の不安のエネルギーは、国家に安心を求めました。市民革命を

1　20世紀初頭のロシアに起こった一連の革命。1905年1月の血の日曜日事件を機として起こった第一革命、1917年3月（ロシア暦2月）に労働者や兵士が蜂起して始まった二月革命、同年11月（同10月）の十月革命などを総称してロシア革命と呼ぶ。

2　1929年10月、ウォール街のニューヨーク株式市場大暴落を契機として起こった世界的な恐慌。

起こして建設した「国民国家」という主権在民の精神から、安心を提供してくれる国家に依存する「国家国民」の時代に入っていきました。

とくに、日本は明治維新によって、市民という概念がないまま国家という枠組みだけが先に生まれました。社会主義国も市民の発生より先に国家が生まれ、国民を誕生させせました。こうした国々が全体主義を経験するのは自明の理かもしれません。

第2次世界大戦後には、社会主義国家だけでなく自由主義国家においても、計画経済のもとで「軍事産業の民生転用を拡大した工業化が豊かな経済をもたらし、国土の荒廃した国民に幸せを提供する」という経済至上主義が広がりました。

そして「豊かな経済を支える健全な社会」に参加する国民は、工業社会に属するための専門性を求められ、経済効果に資する学問の習得が重んじられました。芸術や哲学より、金融領域や経営領域に重心が移っていったのです。義務教育が始まる6歳児から、個人の能力は学力で測られ、優しさや勇気は評価の対象から外れていきました。そして学力の高い者が、工業社会の経済に参加する善良な市民とみなされ、国民の義務を果たすことが常識になりました。

そのような社会において市民は、与えられた設問を解くという報酬脳を鍛えられ、個人の幸せを追求するエネルギーが工業社会を発展させ、世界経済の成長に大きく貢献しました。その一方で、人々の社会的行為は次第に劣化していき、個人が幸せになればなるほど、社会は不幸になるという誤作動が起きてしまいました。

その予兆は、戦後の国土復興計画のなかで、軍事産業を本格的に民生転用し、効率化を追い求めたことで現れました。工業社会の急成長により、大規模な公害が発生したのです。「豊かな経済を支える、健全な社会を構築する」という誤作動が顕在化しました。

正作動への挑戦 ～始まりは1972年から～

第2次世界大戦の終息から約25年が経ち、世界は行き過ぎた工業社会の修正資本主義として、社会的制約によるイノベーションを考え始めました。

国際連合人間環境会議の「人間環境宣言」[3]やローマクラブの「成長の限界」[4]、ダニエル・ベルの『脱工業社会の到来』[5]、1973年のアーンスト・F・シューマッハーが書いた『スモール・イズ・ビューティフル』[6]。そのなかでシューマッハーは「少量消費の最大幸福」という言葉を用いて仏教経済学の必要性を説きました。

とくに注目すべきは、1972年に元世界銀行チーフエコノミストのハーマン・デイリーが唱えた「持続可能な発展のための3原則」です。

①「再生可能な資源」の持続可能な消費量は、その再生速度を超えるものであってはならない。

②「再生不可能な資源」の持続可能な消費速度は、それに代わる持続可能な再生資源が開発される速度を超えるものであってはならない。

③「汚染物質」の持続的な排出速度は、環境がそうした物質を循環し、吸収し、無害化できる速度を超えるものであってはならない。

---

3 1972年にストックホルムで開かれた国連人間環境会議で採択された宣言。現在および将来の世代のために人間環境を保全し向上させることなどをうたっている。

4 1972年にローマクラブが発表した報告書。人口増加や環境悪化などが続けば100年以内に地球上の成長は限界に達すると警鐘を鳴らした。

5 1973年刊行。先進工業諸国に共通して進む経済、階級構造、政治体制等の構造的変化を精緻に分析した大著。

これらの提言は、後のＥＳＧ[7]の投資原則へつながる見識でした。

また、１９７７年にカナダの制度派経済学者のジョン・ケネス・ガルブレイスが『不確実性の時代』を出版しベストセラーになりました。ガルブレイスは「生産者側の宣伝によって消費者の本来意識していない欲望がかき立てられる」とする、情報による依存効果を説き、当時の常識であった「物質生産の持続的増大が経済的・社会的健全性の証である」という考え方に疑問を投げかけました。

そして、時代は進んで１９８９年にチェコスロバキアで起こったビロード革命（全体主義体制を倒した民主化革命）により、初代大統領になったヴァーツラフ・ハヴェルは「西側諸国にあるものも情報に選ばされている自由であり、真の自由はなかった」と主張します。「自由と安心を手に入れる人間の尊厳より、社会的安全と引き換えに社会に依存する時代になってきた」と説いたのです。

過去の動きを整理すると、国連は１９７２年にスウェーデンのストックホル

6　現代的な物質主義や消費主義を批判し、石油危機などを警告し、環境問題に取り組むことの重要性を訴えた経済学書。

7　企業や機関投資家が持続可能な社会の形成に寄与するために配慮すべき三つの要素とされる「環境(Environment)、社会(Social)、企業統治(Governance)」を示す語。

ムで「人間環境宣言」を採択して、自然資本と人間関係資本の持続性を守ることを宣言。これまでの工業社会を見直そうとするメッセージを出して、同年、国連環境計画（ＵＮＥＰ）を設立しました。それから10年後の１９８２年、ケニアで開かれたナイロビ会議で、先進国と途上国との環境と開発をめぐる議論の土俵が初めてつくられました。

1972年　人間環境宣言（ストックホルム宣言）
1982年　（国連環境計画管理理事会特別会合）ナイロビ会議

工業社会の修正が進むなかで、環境リスクを顕在化させる環境保護法を各国が制定し、法律に違反すれば罰金を科すという新たな市場が生まれました。しかし、大量生産のメカニズムは制限されることなく、大量消費時代が続いた結果、地球温暖化問題が発生しました。１９８０年代になると天候不順が続いて、世界初の損害保険会社ロイズが補償しきれないほどのリスクが発生し、その存続を危うくしました。

1984年　ブルントラント委員会発足
「環境と開発に関する世界委員会」を設立して持続可能な開発を提案。
1987年　ブルントラント委員会報告書『地球の未来を守るために』
モントリオール議定書（1987年）に、科学的根拠がなくても未来のリスクを予防する「予防原則」が明記され、社会学的要素の時代に突入。

同じく1987年に起きたブラックマンデー（株価大暴落）以降は、金融商品が発達していきました。その一つが天候デリバティブです。天候デリバティブとは、異常気象や天候不順によって企業がこうむる損失（収益減少や支出増大）に対応した金融派生商品で、事前に一定のオプション料を支払うことにより、異常気象が発生した場合に補償金を受け取ることができる仕組みをいいます。

「予防原則」の考え方で人々の不安を購買行動に変えた金融市場が急成長を遂げ、実体経済[8]でなく実体経済[9]が発展していきました。

国連は、1992年にブラジルのリオデジャネイロで地球サミットを開催。環境と開発の問題を同時に解決するために、冷戦後の新秩序を構築する模索が

8　商品やサービスの生産・販売や設備投資など、金銭に対する具体的な対価がともなう経済活動。

9　お金を銀行に預けたり、株式などの金融商品を売買したりするなど、モノを介さずにお金だけが動く経済活動。

始まりました。

1992年　地球サミット（リオサミット）で金融イニシアティブ（UNEP）が発足。

しかし、冷戦後においても政治や経済は将来への不安をあおりました。人々の安心に対する欲求を増幅させて、それを購買・出資・投票行動に結びつけることで世界経済は発展していきました。不安を利用して政治や経済をコントロールしようとする社会は不健全で不幸です。経済学者のヨーゼフ・シュンペーター[10]は「資本主義は、成功すればするほど失敗する」と警告を発しました。なぜなら、資本主義で成功した資本家は自らの既得権益を守るために変化を好まず、そのような傾向は社会主義化を助長するからです。

1997年　京都議定書[11]

2000年　MDGs[12]（ミレニアム開発目標）

10［1883〜1950］オーストリアの経済学者。計量経済学会の創立者の一人で、企業者による新機軸を中心とする独自の経済発展理論を展開。

11　1997年、京都において温室効果ガス削減の枠組みとして提案された議定書。

12　Millennium Development Goals（ミレニアム開発目標）。2000年9月にニューヨークで開催された国連ミレニアムサミットで採択された国連ミレニアム宣言などをもとにまとめられた国際社会が達成すべき目標。

２０１５年　パリ協定[13]　SDGs[14]（持続可能な開発目標）

２０１５年のパリ協定で、イングランド銀行総裁のマーク・カーニーは「ホライゾンの悲劇」という言葉を用いたスピーチを行い、「ビジネスサイクル（景気循環）、政治サイクル、自らの権限によって縛られる中央銀行のような専門行政機関のホライゾン（範囲・領域）を超えて、気候変動による壊滅的な影響やコストが生じることで、金融機構の一角である保険機構が危機になる」と警告しました。２０２０年には、国際決済銀行（ＢＩＳ）とフランス銀行が『グリーン・スワン』と題したリポートを公表し「気候変動リスクは、次のシステミックな金融危機の背景要因になり得る極端に破壊的な『グリーン・スワン』を招く特質がある」と、カーニーと同様の危機を訴えました。

このままでは金融システムが壊れてしまうということです。保険システムの機能が停止し火災保険や損害保険というリスクのコスト化が難しくなれば、市場経済も不活性化してしまいます。交易機能は鈍化し、価値交換や経済発展も停滞します。

13　２０１５年12月に気候変動枠組条約第21回締約国会議（ＣＯＰ21）で採択され、２０１６年11月に発効した、地球温暖化防止に関する国際条約。

14　Sustainable Development Goals（持続可能な開発目標）。２０１５年に達成期限を迎えるミレニアム開発目標の後継となる、環境と開発問題に関する新たな世界目標。

2015~2020年の間は、アメリカでドナルド・トランプが大統領になってパリ協定から脱退し、イギリスはEUから離脱するなど、ホライゾンの悲劇やグリーン・スワンを感じさせる状態になりました。

そして、2020年に新型コロナ・パンデミックが発生し、2022年にはロシアによるウクライナ侵攻が始まりました。

世界は分断され、人々も分断され、交易機能は鈍化し、価値交換は停滞しました。従来の成長エンジンであるグローバル・サプライ・チェーンやグローバル経済市場も不確実性を増し、機能不全を起こしています。金融システムの保険機能はいっそう危機に瀕しています。

豊かな経済を支える健全な社会を構築するという誤作動から、豊かな社会を支える健全な経済を構築するという正作動に、いったいいつになれば戻るのでしょうか。

近代の総括 ～自由を求めて近代が生まれた～

中世において、人々は教会や王国の身分制度から逃れることができませんでした。そこで、神への奉仕として徳目である清貧と勤勉に励み、天国へ行く自由を獲得しようとしたのです。その結果、余剰労働力が生まれ、資本が形成・蓄積されていきました。さらに、蓄積された資本を自身の私利私欲ではなく、地域の平和や生活の安定、社会の進歩のために投資したことで、その後の産業革命のエネルギーとなりました。

そして、産業革命以降

科学者は、科学が進歩すれば、世の中は、進歩して良くなると思った。
技術者は、技術が発展すれば、世の中は、発展して良くなると思った。
銀行家は、金融が発達すれば、世の中は、発達して良くなると思った。

事実、物質的に豊かになり衣食住は足りるようになりました。しかし格差は広がり、人々のなかで強欲さや無関心、利己的な振る舞いが増大して、礼節（社会性）は後退しました。

幸せを求めて、不幸になり、
自由を求めて、不自由になり、
知識を求めて、知恵をなくし、
能力を求めて、孤独になる。

工業技術では社会は変わりませんでした。
そして、物質文明を築いた科学や技術、金融の力では、この先もきっと変わらないでしょう。まさに社会の自律神経失調症です。
そこで、これまで脇に置かれてきた他者を思う心や勇気といった利他的な社会的動機性を高め、一方の利己的な経済的動機を制御することが重要となります。個人の中には多様な個性が存在しており、利他的な行動をしたい自分がいれば利己的な自分もいます。だからこそ社会的動機性の拡大によって、人や自然との豊かな関係性を感じることで、孤独から解放される社会が実現できると私は考えています。

先述の通り、産業革命以来、人類は科学と技術を信奉し、市民革命を経て進歩してきました。とりわけ現在、先進国と呼ばれるアメリカやヨーロッパ、日本などの国々では、確実に教育レベルは上がり、死亡率は下がり、物質的に豊かになりました。

しかし、本当に憧れの国やうらやましい市民になったのでしょうか？　世界中が目指す社会になったのでしょうか？　多くの人々は言います。「開発途上国は教育水準が低く、死亡率もまだ高く、物質的満足も低い。早く先進国のような物質的満足を得ないと人は社会的になれないし、人間の尊厳も守られない」と。ここで、よく本質を考えてほしいのです。開発途上国の人々は本当に先進国のようになりたいと願い、富を追い求めているのでしょうか？　先進国のようになることが、本当の幸せにつながるのでしょうか？　よくよく考えないといけません。さらに、地球の地下資源や生態系サービスは持続するのでしょうか？　かりに新しい技術開発でこの先数十年保《たも》つことができたとしても、いつか必ず限界がやってきます。

私は、根本的な社会構造の転換が必要だと考えます。大量消費・大量所有の最大幸福では、人類は幸せになれない。功利主義的な最大多数の最大幸福の民主主義は間違いだと思います。人は常に、すべての人が幸せになる全体幸福を目指すべきだからです。

人類は、地球の制約条件下でしか自由になれません。豊かな関係性を感じる範囲でしか、尊厳は守れません。そのような真実があるにもかかわらず、無自覚に「個人の自由こそが幸せである」という固定観念が抜けていません。ここでいう「個人」は、入れ物としての肉体は若さや健康や容貌で評価され、内面は知識量やスキルや財力で評価され、他人に迷惑をかけなければ自らの経済力の範囲で何をしても自由だという考え方を持っています。つまり、現代社会においての多くの場合、個人主義は利己主義と同義なのです。しかし、日本やドイツにおいて「すべて国民は、個人として尊重される」（日本国憲法第13条）、「人間の尊厳は不可侵である」(ドイツ連邦共和国基本法第1条）と規定され、私利私欲による自由と、コミュニティの持続性に寄与する自由を明確に区別しています。

利己主義者が個人主義者となっていることに無自覚なのは、利己主義者による民主主義国家になっているからでしょうか？　戦後、報酬脳で地位や財産を手に入れた大人は、果たして次世代の若者に「自分たちのように頑張ればいいのだ」と本気で言えるでしょうか？

団塊ジュニアのさらにジュニア世代（1995年前後生まれ）は、そのような価値観で幸せになるイメージをもててはいないと思います。

精神的自由を求めて、清貧と勤勉で余剰労働を生み出し資本を蓄積した近代前夜は、社会の可能性に余剰資産を投資し産業革命の駆動力となりました。そして中産階級が拡大し、やがて市民革命を起こして国民国家を成立させました。しかし、その国民国家も60～80年経てば、余剰資産を増大することが目的になり、清貧と勤勉よりも功利主義的な考えに変質していきました。その頃、先に産業革命を起こしたイギリスやドイツでは格差が広がり、社会主義と利己主義のきざしが見られました。カール・マルクスとフリードリヒ・エンゲルスの『資本論』が刊行されたり、フリードリヒ・ニーチェが、人間が神を超え自然をコントロールするようになった世界を「神は死んだ」という言葉でたとえたのもこの頃です。

そのエネルギーを持って20世紀に入った近代は、先に述べたように実験を繰り返しながら今日を迎えています。功利主義的な個人としての自立を最も強く信じてきたのは、戦後の日本人だったと思います。

しかし、山河や自治、個人の豊かさが劣化する中で、団塊ジュニアのジュニア世代が物心つく頃には、社会は物質的に満たされた一方、精神的な孤独が蔓延する状態になっていました。そして、長きにわたり経済が低迷し、定常経済化する今（日本は１９９７年からＧＤＰが横ばい）、これまで通りの社会でいいとは誰も感じていないでしょう。

虚無が社会に深くなれば、宗教が生まれる。絶望が社会に深くなれば、哲学が生まれる。

新たな宗教や哲学が生まれる気配もなく、人々は情報の中で時間を費やしています。そろそろ、時代が変化するタイミングだと思います。

3 インターナショナルからグローバルへ

～自国から世界を見る時代を経て、世界から自国を見る時代へ～

20世紀は実験の世紀

20世紀の幕開けは、第1次世界大戦でした。

その予兆は、19世紀後半からありました。当時、イギリスが産業革命によって得た圧倒的な資本蓄積と経済力を背景に、世界の覇権を握りました。同国はさらに、強大な武力を用いて諸外国や植民地に自由貿易を認めさせ、パクス・

ブリタニカという国際経済圏の構築を目指しました。そして、国外進出を巡る国家間の対立が深まるなかで、ドイツ・オーストリア・イタリアの三国同盟に対して、イギリス・フランス・ロシアの三国協商が対抗する構図が生まれました。各国が同盟関係を結び、集団的自衛圏を築いたことによって、勢力拡張競争が起こりやすい状況になっていったのです。

その不吉な予兆は第1次世界大戦で現実のものとなりました。戦後、二度と同じ悲劇を繰り返さないようにと国際連盟が発足し、国際法の強化と大国の意志だけでなく小国も交えた「民族自決主義」を推進。多くの国が誕生する一方で、反作用として民族主義が高まりました。産業の生産性は国民の教育水準に比例するとされ、国力が低い＝民度が低いという民族差別を引き起こしたのです。

20世紀の前半は、第1次世界大戦からスペイン風邪、世界恐慌、第2次世界大戦までの31年間の混乱期でした。その後、国々は時代の変化に合わせながら、最適な経済システムを実験するように取り入れてきました。

資本主義、共産主義、社会主義
全体主義、自由主義、修正資本主義
修正社会主義、新自由主義、計画経済
工業国家、福祉国家、貿易国家
環境国家

しかし今もなお、国民、市民、人々は、混乱と分断にさらされています。

近代では、資本蓄積が中世の清貧と勤勉による余剰労働によるものから産業力によるものにシフトしたものの、工業の発展の背後で環境が悪化し、法規制が強化されるようになりました。修正工業社会になる頃、ドルはブレトンウッズ[15]協定で世界基軸通貨として流通していましたが、アメリカがベトナム戦争の泥沼に陥り、金と兌換の固定相場からペトロダラーシステムと呼ばれる変動相場へ移行しました。なぜなら、最大の原油産出国のアメリカが軍事力で中東や南米の産油国を支配していたからです。20世紀はモータリゼーションと石油化学の時

15　1944年、米国のニューハンプシャー州ブレトンウッズで開かれた連合国44か国による通貨金融会議で結ばれた協定。IMF（国際通貨基金）とIBRD（国際復興開発銀行）の設立が決められた。

代であり、価格のコントロールは世界基軸通貨のドルでしかなし得ませんでした。計画的か副次的かは分かりませんが、結果的に産金量は経済力のボトルネックにならずに、市場経済は世界に拡大していきました。

しかしアメリカは、1980年からインフレ対策の高金利政策で貿易赤字と不景気に見舞われて停滞し、1985年にプラザ合意で各国の協調介入が行われました。一時期、貿易黒字と景気回復が見られましたが、後に大きな経済的なゆがみが認識され、1987年にブラックマンデーという株価大暴落を引き起こしました。

その結果、資本蓄積は産業力から金融力に移行していきました。

1989年　マルタ会談で冷戦が終結

冷戦の終結を機に、自国から世界を見るインターナショナルの時代から、世界から自国を見るグローバルの時代へ突入しました。

グローバル化の進展とともに、産業面では国境を越えた国際分業体制の構築が進み、地球規模の環境問題の要因となりました。さらに、いち早くグローバル化した金融資本は、個人投資家よりも機関投資家が影響力を持つようになり、短期利益を重視した投資活動によって社会や環境を劣化させる「暴力」が発生しました。そして、1992年のポンド・ショック[16]や1997年のアジア通貨危機[17]などが起こり、20世紀末に金融資本主義を修正する流れとして、SRI[18]（社会的責任投資）が本格的に始動したのです。

このように過去から何度も、資本主義のカテゴリーのなかで社会主義や自由主義、新自由主義などの実験が行われてきました。しかし、産業資本主義と金融資本主義の暴力を止めて地球の制約条件を持続できるかどうか、人間関係を豊かにできるかどうかは、21世紀にその解答を持ち越されてしまいました。

グローバルの終焉

1999年のダボス会議と呼ばれる世界経済フォーラムで、コフィ・アナン国連事務総長（当時）が「世界共通の理念と市場の力を結びつける道を探りま

16 1992年の欧州通貨危機。

17 1997年7月のタイ・バーツ暴落に端を発し、東アジアの国々や香港、韓国、インドネシア、マレーシアにも波及した通貨危機。

18 企業の社会的責任（CSR）を重視した投資。環境保護や人権保護などの社会的責任を果たそうとする企業を選別して投資すること。

しょう。民間企業の持つ創造力を結集し、弱い立場にある人々の願いや未来世代の必要に応えていこうではありませんか」とメッセージを発し、それに基づいて2000年にニューヨーク国連本部で「国連グローバル・コンパクト（UNGC）」が正式に発足しました。

また同年にWTO（世界貿易機関）は、アメリカを議長国にしたシアトル会議を開きました。真のグローバル市場を目指して、新ウルグアイラウンドの成立をねらったのです。結果的にはグローバル経済化に反対する過激なデモ活動により、議長声明を出せずに不成立になりました。以降は、2国間協議の個別対応の時代へ入っていきました。

イギリスは、2001年4月から貿易産業省の閣外大臣としてCSR担当大臣のポストを創設しました。フランスは、2002年5月からCSR担当大臣（持続可能な発展担当大臣）を設置するとともに、イギリスや日本の会社法にあたる新経済規制法を用いて、上場企業に対し、2003年から財務情報に加えて環境・社会的側面の情報開示を義務づけました。ドイツも2001年8月に年金制度を改正し、年金基金の運用受託者に対して倫理、環境、社会的側面に関する配慮についての情報公開を義務づけています。

このように、ＥＵで非財務情報開示の義務化に関する会計指令が検討された背景には、責任ある企業活動を推進し環境問題や社会課題の解決を目指すだけでなく、資源が乏しいＥＵにおいて、非関税障壁によって圏内の資源や産業を守る産業政策としてのねらいもありました。

現在多くの国がＥＵ同様の課題を抱えています。とくに日本は、労働力や資金力、技術力を支える国民の生活基盤の原資になる資源のほか、エネルギーや食料などの自給率が低く、ＥＵの政策に見習うべきところが多いでしょう。

国家も企業も、世界から自国や自社を見るグローバルな認識を持たないといけない時代になりました。一方で、グローバル・サプライ・チェーンの不安定化や気候変動リスクが顕在化するなかで、生活や経済をローカルで回す時代が到来しています。つまり、グローカル化の時代になってきたのです。情報はグローバルで、生活はローカルな社会でという時代です。

2000年、国連ミレニアム・サミットで採択された国連ミレニアム宣言をもとにMDGsがまとめられました。2015年を達成期限とした八つの目標は、国連持続可能な開発サミットでSDGsとして17の目標に再編成されました。

MDGsやSDGsは近代と同様に、修正資本主義を通じてグローバル経済の達成を目指しているように思います。これから到来するグローカルの時代は、現状の延長ではなくESG（環境・社会・ガバナンス）による社会全体のイノベーションの時代です。つまり、部分最適の修正ではなく、全体最適の社会変革を目指しているのです。

社会は私たち一人ひとりの暮らしによって成り立つため、人々の生活や暮らしが社会イノベーションの駆動力となります。

人々の日々の生活が変われば、暮らしの中で求められる商品が変わる。
商品が変われば企業が変わる。
企業が変われば産業が変わる。

産業が変われば社会が変わる。
社会が変われば人々の意識が変わる。
意識が変わればさらに生活が変わる。

グローバルが終焉を迎える今、このような暮らしを軸にした社会変革によって、グローカルへの転換、ひいては真に持続可能な社会を実現できるのではないでしょうか。

分断から関係へ

2001年9月11日の朝、アメリカでイスラム過激派のテロ組織アルカイーダによる攻撃がありました。人々の目には、国際金融のシンボル的な建物であるマンハッタンのワールドトレードセンターに、2機の旅客機が突っ込み建物が崩壊する様子が鮮明に映りました。

これを契機としてアフガニスタン紛争が勃発。21世紀は世界の分断から始まりました。

自由を守るという旗印のもと、アメリカが総力を上げて行った戦争にはアフガニスタン紛争のほか、ベトナム戦争と湾岸戦争があります。

ベトナム戦争の目的は共産主義化のドミノ現象を防ぐこととアジアでの利権獲得で、湾岸戦争は基軸通貨のドルを守る石油利権の固持が目的でした。果たしてアメリカは、アフガニスタン紛争で何を守ろうとしたのでしょうか？　多くの命と引き換えにしてでも得たかったのは、国内外の緊張状態だったのでしょうか？

そのアメリカで、２００８年に戦後最大の金融危機であるリーマンショックが発生しました。投資銀行のリーマン・ブラザーズ・ホールディングスが同年9月15日に経営破綻したことをきっかけに、世界規模の金融危機が連鎖して発生し、わずか2カ月半で約32兆ドルの資産が失われたといわれています。そのときの実体経済額は約76兆ドルだったため、40パーセント以上が失われたことになります。当時私は、ついに世界恐慌が始まったと思いました。しかし、10カ月後には世界経済は元の状態に戻り、なぜ？　と大変戸惑いました。

後で分かったことですが、リーマンショック前の貨幣経済は、実体経済の8倍以上あり、少なくとも600兆ドル以上あったというのです。つまり、2カ月半で32兆ドルの消失は、5パーセント程度の損失で済んだことになります。

1987年の時点で、実体経済と貨幣経済は1対1だったといわれています。それから約20年で、貨幣経済が約8倍にまで膨張したことになるのです（カード決済保証の仕組みなどを考えると貨幣経済の実体は諸説あります）。

実体経済が貨幣経済に影響を与える時代は過去のものになりました。変動相場に移行して以来、金融エネルギーは大きくなり、産業資本よりも金融資本が資本蓄積の主軸になりました。そのような時代への突入を証明したのが、皮肉なことにリーマンショックだったのです。

近代を「信用の証しである契約による社会」と表現するなら、信用収縮が起きたこの時期は「近代収縮の年」であったともいえるでしょう。

サブプライム市場はレモン市場ともいわれ、外見だけでは中身に不良品が混ざっていても分かりません。サブプライムローン問題は、売り手と買い手の情報の非対称性で成立していた債権市場の破綻でした。当時のFRB議長のアラン・グリーンスパン氏が「ここまで人が強欲になれるとは思わなかった」とつぶやいたという風聞が流れるほどショッキングな出来事でした。

そして2009年には仮想通貨のビットコインが誕生。[19]ブロックチェーンという新技術で、中央銀行の管理でなく所有者の分散管理で信用を担保する仮想通貨が広まっていきました。

21世紀を迎え、世界はグローバル対ローカルの構図になっています。そのほかにも超大国対個人集団、実体経済対貨幣経済、貨幣経済対仮想通貨というような二項対立関係にあるものが数多くあります。

2015年に締結されたパリ協定が世界を一つの方向に導きましたが、前述したように2017年にはアメリカ大統領のドナルド・トランプがアメリカファ[20]ーストを掲げて同協定から離脱。国際社会からの孤立や国内回帰へのスタンスを強く打ち出しました。結果的には国内での対立が激化し、国民の間に強い分断を生み出すことになりました。

---

19 分散型ネットワークを構成する多数のコンピューターに、公開鍵暗号などの暗号技術を組み合わせ、取引情報などのデータを同期して記録する手法。

20 アメリカ第一主義。自国の経済の立て直しを最優先し、国際社会への関与を徹底的に控えていこうとするアメリカ・トランプ政権の掲げた一連の政策の総称。

同様にイギリスでも、ＥＵ離脱をめぐり国内が二分されました。アメリカの孤立主義もイギリスのＥＵ離脱も、背景にある民意はともに反グローバル化の流れをくむものだったといえます。

しかし、経済的な反グローバル化を進めても地球温暖化などの社会課題はグローバル化しているため、全世界で取り組まなければ解決できません。経済問題と社会課題は、永遠にトレードオフ（二律背反）なのでしょうか？

4 人類史上初めての時代

現実

超長寿

ＷＨＯは２０１９年の年次報告書「世界保健統計」で、２０００年からの16年間で世界の平均寿命は５・５歳延び、２０１６年生まれの子どもの平均余命は72歳（男性は69・8歳、女性は74・2歳）と発表しました。医療の発達が子どもの死亡減少に寄与し、全世界の人類の平均寿命を70歳以上にしたのです。しかし長生きになった人類は、戦争や暴力で亡くなる人より自死する人が多くなり、自死する人より生活習慣病で亡くなる人が多い社会をつくりました。豊かになって不幸になるという大きな矛盾を抱えたのです。

地球規模の制約条件

地下資源の枯渇が深刻です。貴重なレアアースも地球規模で偏在しています。加えて、ベースメタル鉱石の可採鉱量は鉄鉱石で70年、銅鉱石で35年、亜鉛鉱石で18年です。ニッケルやクロムなどの特殊鋼原料なども同様に資源の枯渇問題を抱えています。

このような現象は取りも直さず、過去の延長に未来はないということを示しています。

気候変動による温暖化で水不足が起こり、２０３０年には環境難民が40億人以上発生するといわれています。すでに黄河やコロラド川では、川底が見える断流の発生が確認されました。そして、世界の穀倉地帯であるオーストラリアの東部、北アメリカ大陸の西部、中国の北部、地中海の南岸部、ヨーロッパの中部などで干ばつが始まっており、世界的な食糧危機が危惧されています。

農業の劣化はパーム油問題や飼料不足による家畜危機につながり、繊維原料も不足します。

地下資源の多くは開発途上国に偏在しているため、環境難民の問題が紛争を引き起こし、調達リスクがいっそう高まるでしょう。

地球規模の制約条件がさらに厳しくなることで人口増加率も鈍化し、世界人口は２１００年の１１０億人を境にピークを過ぎると予想されています。

高度情報社会

１９８５年に生まれたインターネットは、90年代後半に情報の非対称性（一方通行）を破って情報革命を生み、１９７０年代から始まったマスメディア構造に大きな打撃を与えました。

2009年にはブロックチェーンを使ったビットコインが生まれ、2015年にはディープラーニング[21]を通じた人工知能の革新でAI化が進み、2021年には量子コンピューター[22]の商業化がスタート。2022年にはWeb3.0[23]と呼ばれるインターネット上でのブロックチェーンの展開で、NFT[24]やメタバース[25]などの新たな情報社会の段階に進展していきました。

地球規模で情報が行き交い、価値創造が猛スピードで動く世界になりつつあります。

予兆

未来は、常に現実社会に予兆を見せてくれます。

未来は、不確実なものですが次の五つの要素で大局観をつかむことができます。

①人口動態

②資源枯渇

③気候変動

21 コンピューターが多くのデータから自動的に特徴を抽出し、学習する仕組み。

22 量子力学の原理を応用し、超高速処理を可能とするコンピューター。

23 米国で2010年代半ばごろに登場した、従来とは異なる発想に基づくインターネット関連の技術・サービス・ビジネスモデルの総称。

24 Non-fungible token、非代替性トークン。ブロックチェーンを利用した認証技術によってデジタルデータを「唯一無二のユニークなデジタルデータである」と証明する鑑定書のようなデジタルデータ。

④技術革新
⑤社会価値
①〜③は不確実なリスクです。
①〜⑤は不連続なリスクです。

不確実なリスクを技術革新や社会価値の変換で確実にできれば、チャンスをつかめます。

いずれにしても、安定供給を前提とする従来の大量生産・大量消費の工業的経済社会が今後持続不可能になるという予想は、確度の高い未来観だといえるでしょう。

250年続いた近代化を本質的に見直して、先進国と開発途上国の病根を根本的に革新する挑戦が必要です。

25 インターネット上に構築される仮想の3次元空間。meta（超越した）とuniverse（世界）の合成語。

不確実性の時代

1977年にガルブレイスの『不確実性の時代』が世界的に大ヒットをしてから45年もの間、時代の不確実性は増大し続けています。人口は急増し、科学は発展し、技術は進歩し、人間の欲望も尽きることなく膨張し続けているのです。

人間の欲望が膨張する背後では、資源枯渇問題、地球環境問題、人間社会の孤独問題という、膨張を収縮させる社会問題も発生してきました。膨張するエネルギーと収縮するエネルギーが乱気流を生み出し、時代の不確実性がますます増大し続けています。

また、日本をはじめとする物質的豊かさが満たされた成熟市場では、いかなる商品も売れ続けることは難しく、ダイナミックな拡大再生産は難しい状況になりました。その結果、余剰在庫・余剰流通が生まれ、製品なのに廃棄物になり、グローバル規模で効率的に生産されたものが非効率に販売され、多くの無駄が生まれています。

そのような時代変化のなかで、コロナ禍やウクライナショックが起こり、経済発展を支えてきたグローバル・サプライ・チェーンの不安定さが顕在化しつつあります。

不安定供給を前提とした大量生産・大量消費は成立しないため、新しい生産体制が必要とされる時代が到来したといえます。

複雑系の科学

１９８４年、原爆の開発で有名なロスアラモス国立研究所の学者を中心に、複雑系[26]の科学を研究するサンタフェ研究所がアメリカのニューメキシコ州に設立されました。複雑系の科学はその後、カオス理論[27]やフラクタル理論[28]、ニューラルネットワーク[29]などの理論構築を生み出しました。

宇宙やそれを構成する物理、地球の気象や生態系、生物の進化、免疫システム、人間社会における情報、金融、物流などに共通して起こる不思議な現象に「自己組織化」があります。自己組織化とは、ランダムな状態にある構成要素が、

26　数多くの要素で構成され、それぞれの要素が相互かつ複雑に絡み合った系またはシステム。脳、生命現象、生態系、気象現象、人間社会など。

27　気象の変化や電気回路の振動、生物の神経系など、複雑で一見予測不可能な現象を研究する学問。

28　複雑で不規則な図形では、どの微小部分にも全体と同様の形が現れる自己相似性があり、したがって部分を次々に拡大すれば全体の形が得られるとする理論。

29　人間の神経ネットワークを模したコンピューター上の計算モデル。

構成要素間に働く相互作用により自発的に特定の秩序構造を形成する現象です。ではなぜ、これらは「自己組織化」するのでしょうか？

このような複雑系に関する研究から、インターネットやディープラーニング、ブロックチェーン、量子コンピューター、新しい医療技術などが生まれてきました。今では、新しい技術が新しい産業を誕生させようとしています。

しかし、新たな産業によって目指していく社会が、スーパーシティのような高度な工業社会の延長上にある社会では、誤作動を起こした近代から学んでいるとはいえません。「豊かな経済のための健全な社会。その社会を支える善良な市民」という、功利主義の価値観を内包した工業社会から変化することができないからです。

そこで、近代文明を根本的に見直すために新たな哲学が必要です。20世紀後半以降、デカルトやカント、モンテスキューなどの知の巨人の系譜が停滞している気がします。

今、新しい哲学の胎動を感じるでしょうか？

私たちには、理想に向かって社会を再構築するエネルギーがあるのでしょうか？

5 価値を科学する哲学

分からないことが、分かる

哲学とは何か？　私は、感じるしかない価値を知性と理性をもって体系化する科学の「原資」だと思っています。

それでは、複雑な世界を読み解く哲学とはどんなものでしょうか？

2008年に、南部陽一郎、小林誠、益川敏英の3氏が、宇宙の成り立ちや宇宙が存在する理由の一端を明らかにした功績を称えられ、ノーベル物理学賞を受賞しました。南部教授は「自発的対称性の破れ」[30]や「弦理論」[31]を提唱し、小林教授と益川教授は「小林・益川理論」といわれる「CKM行列理論」[32]を提

30 自然は対称性をもつとされてきたが、それがおのずから破られる場合があること。

31 粒子は大きさのない質点でなく、1次元の弦(ひも)で記述されると考える理論。ひも理論、ストリングス理論。

32 素粒子物理学においてクォークの相互作用を説明するための理論。クォークは、素粒子物理学における基本的な粒子の一つで、物質を構成する要素の一部。

唱しました。

これらの仮説は、２０１２年に「ゲージ理論」[33]に基づいてＣＥＲＮ（欧州原子核研究機構）の大型[34]ハドロン衝突型加速器（Large Hadron Collider、略称ＬＨＣ）のＡＴＬＡＳおよびＣＭＳ実験により、ヒッグス粒子の存在が確認されたことで証明され、宇宙の仕組みについての理論構築が進みました。

その結果、宇宙全体の物質エネルギーのうち、74パーセントが暗黒エネルギー（ダークエネルギー）で、22パーセントが暗黒物質（ダークマター）であることが分かりました。しかし、どちらもその正体は不明のままです。

つまり、人類が見ることのできる物質（＝エネルギー）は、宇宙全体のわずか４パーセントでしかないのです。

生態系においても、自己組織化の仕組みを研究する「多変量複雑系科学」という学問領域があります。

かつて東洋思想は、経験科学としての知見蓄積に貢献し、21世紀の科学技術の方向に重要なヒントを与えたものの、科学的方法論としての発達は不十分で

---

33 素粒子の相互作用をゲージ不変性に基づいて統一的に記述しようとする理論。

34 ＣＥＲＮに建設された世界最大の陽子衝突型加速器。ＬＨＣではＡＴＬＡＳとＣＭＳという汎用検出器実験と、ｂクォークの物理を精密に行うＬＨＣｂ実験、ＬＨＣで鉛原子核同士を衝突させる重イオン実験用のAlice実験が行われている。

した。

たとえば、個人の心身の状態や人間社会、自然現象といった、発生要因が複雑な現象の多くは、とても小さな変量（成分）の相互関係によって形成されています。各変量は、他の変量と関わり合う中で自らを変化させ、さらに新たな関係を生み出すため、変量間の関係は非線形（原因と結果の間に単純な比例計算式が成り立たない状態）であることが多くなります。その結果、先述したような複雑な現象を科学的に分析するための手法構築が、21世紀に入っても未解決の課題として残されているのです。

このような変量の曖昧さや異質さ、矛盾、対立などの特性は生産効率の向上を妨げる一方、創造性や多様性、個性を増大させ、人類を含む生態系全体の存続性を向上する要因として、今日まで重要な役割を果たしてきました。

こうした観点から、宇宙物理学においても生態学においても対称性は常に破られ、微量微細な量子レベルから極大膨張の宇宙レベルにおいても、何一つ絶対的な摂理と呼べるものはないということが分かります。

つまり世界は
一切の事象は孤立するものではなく、
一切の事象は相互に依存し合う。

たがいに関わり合い、交錯し合い、
無限に連続し、往復し、重なり合い、
無限の微小、無限の巨大運動を続け、
際限なく新たな関係を生み出している。

大は宇宙から、小は細胞の内部に至るまで、
新たな関係を生み続けている。

宇宙と生命は無限の運動を続け、
生態系の絶え間ない変化を生み、
複雑で不連続な情報の交換を生み、

原理原則は循環し、進化を続けている。

では、何が世の摂理になるのでしょうか？

哲学なき科学

近代を作ったルネ・デカルトは『方法序説』[35]で理性の重要性を説き、イマヌエル・カントは「批判哲学」[36]で理性の限界を証明し、それ以上の共通善を説きました。後のG・W・F・ヘーゲルは「弁証法」[37]で、理想社会を目指して根本的価値を変えることで社会課題が解決できると証明するための理論構築を行いました。それは現代哲学の基礎を築き、法律学、政治学、物理学、美術や教育にいたるまで、あらゆる社会要素の構築に影響を与えました。

しかし21世紀において、人口減少、地球環境破壊、資源枯渇、経済格差、少子高齢化など、さまざまな社会問題が増大し顕在化しているにもかかわらず、根本的価値転換による理想社会への理論構築の哲学はいまだ成立していません。

35　１６３７年刊行のデカルトによる哲学書。著者の哲学的自伝であるとともにスコラ学の権威に反対し、真理に到達するための方法的懐疑を述べたもの。

36　批判主義の立場に立つカントおよびカント学派の哲学。

37　一つの物事を対立した二つの規定の発展的統一としてとらえる方法。

根本的価値の転換が、中世から近代への扉を開きました。中世において、人の認識は外在化した対象に由来するものとされ、外部にある対象をそのまま受け入れることで認識するものと考えられていました。しかし、カントの「認識論」が登場し、この考え方を根本的に変えました。カントは『純粋理性批判』[38]の中で、人の知性には限界があり、実像であるその「物自体」は永遠に捉えることができない。だから、人が見ているのは対象そのものではなく、認識の枠組みが捉えた「現象」であるとしました。つまり、人は物自体を認識することはできず、認識が現象を構成するのだとして、認識のあり方を180度反転させた（認識論的転回：「コペルニクス的転回」をもたらした）のです。

産業革命以降、効率と生産性を重視した工業社会において、人間も自然も経費（コスト）になりました。人間は人件費、自然は原料費として扱われ、地球の持続性と人間どうしの関係性が急速に劣化していきました。そこで今、私たちは根本的価値の転換によって近代の誤作動を正す時代に来ているのです。

38　1781年刊行のカントによる哲学書。人間理性が認識しうるのは現象だけで、その背後に存在すると想定される対象そのものすなわち物自体は不可知であるとする。

カントのいう認識は、事象に対して個人の悟性（認識能力）をもって理解するというものですが、宇宙や生命の摂理を探求した結果「分からないことが、分かった」という事実があります。

そこで、ヤーコプ・フォン・ユクスキュルは、環世界[39]という概念を唱えました。ユクスキュルによれば、普遍的な時間や空間（Umgebung、「環境」）も、動物主体にとってはそれぞれ独自の時間・空間として知覚されるといいます。動物の行動は各動物で異なる知覚と作用の結果であり、それぞれの動物に特有の意味をもってなされると考えられ、動物主体と客体との意味を持った相互関係を自然の「生命計画」と名づけて、ユクスキュルはこれらの研究の深化を呼びかけました。

しかし人間も同じ動物として、社会環境に合わせながら自由に認識し活動すれば、自然界のように生命計画を形成できる……わけではありませんでした。

有限な地下資源を無限に使う欲望には際限がなく、自然界の生命システムを破壊する状況をつくってしまったのです。

39　生物がその感覚器官によって主体的に知覚し、直接働きかけることができる環境のこと。

中世的価値認識である客体が主体に影響を与えるという常識から、近代的価値認識では、主体が客体を認識することが常識になり、社会は閉塞していきました。

現代の根本的価値転換の「コペルニクス的転回」はどのようなものになるのでしょうか?

生命の原理原則

磁場誕生とシアノバクテリア誕生

27億年前、地球に北極と南極を結ぶ磁場が誕生しました。この磁場から出る無数の磁力線の傘が、太陽や宇宙から降り注ぐ生物にとって有害な放射線を遮り、地球の環境を大きく変えました。それにより海の浅瀬で生物が暮らせるようになったのです。

このとき誕生したのが、光合成を行うバクテリア(真正細菌)です。バクテリアは太陽光を使って、二酸化炭素と水をもとに、食料となるエネルギー物質を自ら作り出すという画期的なシステムを生み出しました。そのなかでも、大繁栄した種族が「シアノバクテリア」であり、光合成の仕組みを使ってそれまで地球に存在しなかった「酸素」を作り始めました。シアノバクテリアの体長は、わずか1000分の1から100分の1ミリ。この小さな生命が、宇宙から届く光を利用してエネルギーを生み出すという「革命」を起こし、生命の進化は大きな飛躍を遂げました。

以前までの地球は、海中のメタン菌が作り出すメタンガスや火山から噴出する二酸化炭素などによって、温暖な気温が保たれていました。

とくにメタンガスには、二酸化炭素の2・5倍の強力な温室効果があり、そのメタンガスで包まれた地球の気温は暖かく保たれていたといわれています。地球はビニールハウスで覆われたような状態だったのです。この暖かい地球を凍らせてしまったのがシアノバクテリアです。シアノバクテリアによって大気中に放出された酸素が、徐々にメタンの大気を破壊しました。

酸素によってメタンは酸化され消えていったのです。そして地球は、メタンのビニールハウスを失い、急激に冷えて凍り始め、約24億年前から22億年前にかけて厳しい寒さが地球を襲いました。この凍結時代の最も厳しいときには、地球全体がすべて凍りついてしまったほどです。これが「全球凍結（スノーボールアース）」の時代です。

凍結というと「氷河期」を思い浮かべる方も多いと思いますが、この全球凍結はそれをはるかに超えるものでした。氷河期の最も寒い時期には、陸地の3分の1が氷に覆われていたといわれていますが、この時代の凍結に比べればかわいいものです。全球凍結時代の平均気温はマイナス50度。海は1000メートルの深さまで凍り、陸上も厚い氷と雪に覆われた想像を絶するような環境でした。

この時代を終わらせたのは、凍結の間もずっと続いていた火山活動でした。火山活動によって放出される二酸化炭素を吸収するはずの海が凍りついていたため、大気中の二酸化炭素の濃度がどんどん上がり、今度はその温室効果で気温が上昇しました。そしてついに氷が溶け始め、全球凍結を終わらせたのです。

そして地球に海がよみがえりました。シアノバクテリアはふたたび繁殖し、大気中にたくさんの酸素を放出し始めました。この酸素は、海水の中の鉄分と反応して大量の酸化鉄を海に沈殿させました。そして、大気にも次第に酸素が増えていき、オゾン層が形成されました。酸素を生み出すシアノバクテリアの繁殖と、少しずつ成長していった大陸。この二つが絡み合い、マグマ時代の赤い地球を青い地球へと変えたのです。

地球環境の大きな変化のなかで、シアノバクテリアの登場が、かつての硫化水素に満ちた海を酸素に満ちた海へと変えていきました。一方でその当時、硫化水素を利用して生きていたバクテリアたちにとって、酸素は毒ガスでしかありませんでした。そこで、できるだけ酸素から離れて暮らす安全策をとるバクテリアや、環境の変化に挑戦する、いわば開拓者となったバクテリアが現れたのです。開拓者たちは、溢れる酸素の中へ飛び込んでいきました。このバクテリアたちの進化をたどると、生命共通の原理が見えてきます。

酸素の中に果敢に飛び込んでいったもののなかから、硫化水素の代わりに酸素を利用する生物が生まれました。硫化水素の代わりに酸素を使うと、作り出されるエネルギーはこれまでの20倍になります。これによって動き回る能力が飛躍的に伸びました。

酸素がもたらした膨大なエネルギーは、獰猛な肉食のバクテリアを生み出しました。盛んに動き回り、自分より大きな獲物に群がっていきます。膜を食いちぎり、中へ入り、相手の遺伝子を食い荒らしました。硫化水素の環境に残った、柔らかい膜を持ったバクテリアたちも獲物になっていったに違いありません。

そしてあるとき、攻撃から身を守るためでしょうか、柔らかい膜を持ったバクテリアたちは周りの仲間と結びつき、大きくなり、遺伝子を中央に集め、それを新たな膜で包み込みました。これが核の誕生です。

このように、ほとんど存在しなかった酸素が増えることで、生物の大量死が発生しました。それでも生物は、長い時間をかけて酸素に適応した体を作り上げ、進化することで生き延びてきたのです。

そして、酸素に溢れた新しい地球環境が、二つの異なる個性を生み出しました。一つは、酸素を利用して大きなエネルギーを生み出したもの。もう一つは、仲間と結びついてたがいの遺伝子を集め、核という巨大なデータバンクを作り上げたもの。約20億年前、ミトコンドリアや葉緑体等に相当する生物と共生した真核生物が出現しました。

今、地球にはさまざまな生命圏が広がっており、3000万種ともいわれる動物や植物が生きています。これらの生物はみな、同じ命の仕組みで成り立っています。

生物が地球で生きていくうえで、環境に適応することはとても大切なことです。では、私たち人間はどうでしょうか？

私たちの生き方は今、「私たちが環境に合わせる」のではなく「環境を私たちに合わせる」というふうになっていないでしょうか。

この問いは、私たち人間がこの先も地球上で生きていくために非常に重要であるように思われます。

状況の認識で自己革新を起こす

生命の進化の過程において、外の世界から身を守るために、硬い骨格で表面を覆う外骨格型の動物が進化しました。しかし、その世界もすぐに弱肉強食になり、より強い棘や殻で身を守るか、素早く動きまわることで身を守るといった進化が繰り返されました。そのなかで、骨格を体内にもち優れた運動効率を有する内骨格型の動物が生まれました。

内骨格型の動物の天下になると、同様に弱肉強食の世界になりました。そのなかから、腎臓機能を自己革新して、塩分のない川に逃げ込むものが出てきました。

しかし、その川も同様に弱肉強食になり、私たちの先祖は海のミネラルを骨に蓄え、強く、太くして、内蔵を気圧から守ることで陸を目指しました。

生命の原理原則は常に「諦めない」「関係する」「代謝する」です。生態系の原理原則は、主体と客体という2項対立の認識ではなく、客体を主体にし、主体を客体にすることです。生物たちは常にこれらの原理原則に沿って自己革新を行い、新しい環境を開拓してきました。

6 エコシステム資本主義

根本的価値転換

国家が幸せになればなるほど、個人は不幸になる。
個人が幸せになればなるほど、社会は不幸になる。

新型コロナ・パンデミックやウクライナショックに人々は不安を募らせ、不安から生じたエネルギーは安心を求める力へと変化しました。国家や社会が安心を提供すれば、与えられた「安心」に市民は依存してしまいます。

社会主義は、計画経済を軸に国家資本主義という新しい社会主義を強化することになるでしょう。

自由主義は、情報によって選択させる資本主義を構築し、情報社会主義を強化することになるでしょう。

いずれにしても人々は、国家や情報に依存する「与えられた安心」に満足するのでしょうか？

それとも、安心は自らつくれるという希望社会を目指すのでしょうか？

個人が幸せになればなるほど社会が幸せになるためには、根本的価値転換が必要です。

残された選択肢

人類は幸せになるために、あらゆる社会実験を行ってきました。

しかし、資本主義も自由主義も社会主義も、修正に次ぐ修正を重ねた結果、人々が幸せにならないことに気がつきました。

人の数だけ幸せのかたちはありますが、不幸はたった一つです。

それは「孤独」です。孤独の英語はlonelinessで、isolation（孤立）とは区別されています。自主的に人から隔離(isolation)する孤立は孤独ではありませんが、自発的でなく隔離されることを孤独というのです。人間は社会的に進化した動物なので、いくら富や名声があろうと孤独であれば不幸を感じてしまいます。

孤独にならないためには、私（主体）と他者（客体）を明確に分けない「我（わたし）・我（あなた）・我々（私たち）」という認識が大事になります。しかし、工業化にともなう近代的な個人主義の蔓延は、主体と客体の認識を切り離し、社会性を劣化させました。さらには、安心を求めて国家のための国民になったことで、豊かな関係性における私を認識することが難しくなりました。

そこで、私と私たちが認識できる範囲での社会性を有する、自立したコミュニティの構築、またそれらのコミュニティをネットワーク化した社会の構築が必要です。残念ながら、いまだそのような社会は実現されていません。

これまで、ビジネスや社会の成長をけん引してきた、グローバル・サプライ・チェーンとグローバル経済の不確実性が増し、新しい成長エンジンが必要になりました。

その成長エンジンの根本となるのが、前述した（016ページ）ハーマン・デイリーが唱えた「持続可能な発展のための3原則」です。

①「再生可能な資源」の持続可能な消費量は、その再生速度を超えるものであってはならない。

②「再生不可能な資源」の持続可能な消費速度は、それに代わる持続可能な再生資源が開発される速度を超えるものであってはならない。

③「汚染物質」の持続的な排出速度は、環境がそうした物質を循環し、吸収し、無害化できる速度を超えるものであってはならない。

つまり、地球の持続性を毀損しない、豊かな関係性を増幅するものでなければならないのです。その選択肢となるのが「資源が循環し続けるサーキュラー・サプライチェーン」[40]と「ローカルコミュニティにおけるネットワーク市場」だと考えます。

---

40 循環型サプライチェーン。グローバル規模で原料調達・製品製造を行うグローバルサプライチェーンに対し、国内資源の循環利用で、持続的かつ安定的な原料調達を実現するサプライチェーン。

作れば作るほど、買えば買うほど、暮らせば暮らすほど、自然環境や人間関係が豊かになる、社会的動機性を駆動力とする資本主義はいまだ未開拓です。そして、豊かな関係性が認識できる範囲の自立分散ネットワーク社会も未開拓です。意思を持った個人による多層的なコミュニティ（バーチャルも含めて）社会も未開拓の状況です。

人類は社会的課題と経済的問題のトレードオフを解決するために、このような未開拓領域への挑戦に向けた根本的認識の転換が必要です。

それは「主客合一」もしくは「主客同一」と呼んでもいいかもしれません。他者と自己との同一化という認識が、エコシステム社会の到来には欠かせないのです。

近代を超える準備

エコシステム社会への動線は引かれつつあります。

中世の資本蓄積が労働力だったのに対し、近代では産業力になり、地球の資源と人口のバランスが崩れた現代では金融力へと変化しました。「米を作って酒をつくる時間と資金があれば、もっとお金を稼げる金融商品を扱ったほうがいいですよ」というふうにです。しかしその金融力も、産業力が暴力性を帯びて公害を引き起こしたことや、アジア通貨危機やリーマンショックが甚大な社会的被害を与えたことから環境規制が設けられ、SRI（社会的責任投資）やESG投資といった修正金融による修正資本主義が強まりました。そして、金融力が弱まった反作用のように、GAFAM(Google、Amazon、Facebook、Apple、Microsoft)のような企業のデータ力が資本蓄積の力になっていきました。ITビジネスで得たデータを他のサービスへと応用し、「ビッグデータ」と呼ばれる私たちの検索履歴や行動パターンを資本にしていったのです。彼らを脅威に感じたのは、中国やそれに近いロシアなどの国々でしたが、国家資本主義ともいえる計画経済を実行する中国は、いち早く規制に動きました。

その矢先、2020年に新型コロナ・パンデミックが起きると、西側の市場経済国も国民のコロナ罹病《りびょう》を防ぐため、国家を超えるビッグデータを持つGAFAMと対立し、データ資本主義はデータ国家主義の規制対象になりました。

しかし、新型コロナ・パンデミック社会が生み出した社会的ディスタンスによって、人々の社会的欲求はデジタル社会のSNSやゲーム上で費やされ、資本がICT情報通信技術に集まっていきました。その結果、2022年にWeb3・0といわれるブロックチェーンのインターネット化が始まり、それから生まれたのがNFT（Non-fungible token）と呼ばれる「代替不可能なトークン」でした。

つまり、データ力から情報（トークン）力にシフトしてきたのです。NFTはまだまだ投機性の高い市場ですが、そのうち落ち着いて、インターネットのような次世代のインフラになると予想されます。そして、インターネットが情報の非対称性を破ったように、Web3・0のブロックチェーンのインターネット化は、信用の非対称性を破り、信用のフラット化が進むでしょう。

私は、このブロックチェーンが持つ自立分散ネットワーク性で、近代を超えていけると考えています。

近代文明は、市民参加型民主主義と工業的産業資本主義の両輪で発展しました。その実情は、意思決定のプロセスが逆転現象を起こし、効率的民主主義を進めた議会制民主主義によって、政党のための政策が行われ、民意は反映されなくなりました。また、効率的資本主義を進めた金融資本主義において、機関投資家は民意を反映しなくなりました。国民国家社会を目指したはずが、国家国民社会に、そして金融資本社会になってしまったのです。

そこで、再び民意を反映する仕組みを取り戻す方法として、Ｗｅｂ３・０の活用が有効になるのではないでしょうか？　インターネットも登場当初はポルノやゲームなどの欲望を満たす目的で広まりましたが、今では社会の基盤になっています。

私は、この流れを茶道の発展のように見立てています。

お茶が社会に広まるきっかけとなったのは、闘茶[41]といわれる賭博でした。当時室町幕府が再三禁止令を出すぐらい流行したそうです。その後、茶道は侘茶《わびちゃ》として千利休が確立し、日本文化の源流になっていきました。

近代文明は、民意の意思決定を集中管理の中央集権型とすることによって発展してきました。生活者は与えられた情報から価値を選択する仕組みの中で生きていたのです。

41 茶の産地や品種を飲み分けて勝負を競う茶会の一種。

しかし、Web3.0のブロックチェーン技術を用いたインターネットのインフラ化が進めば、生活者自身が価値生産を行う自立分散ネットワーク社会というエコシステム社会を実現できると思います。

古くて新しい哲学

第4節と第5節で、複雑系の科学の研究は進歩したものの価値を科学する哲学がいまだ成立していないと述べました。また、複雑系の哲学を説明するために第6節（本節）では「主客合一」の認識を紹介しました。この源流は日本的仏教哲学に行き当たるのではないかと思います。

日本的というのは、日本の仏教に「律」がないということです。

仏教とは三宝に帰依することで、三宝とは仏陀と法と僧のことです。

大乗仏教は悟りに至った釈迦の尊称であった仏陀《ブッダ》の意味を拡大して、阿弥陀如来や大日如来などあまたの仏陀を認めるようになりました。そして、信者が共通して守るべきものとして戒律を定めました。

戒律の「戒」は悟りを開くために自分に課する規範で、「律」は集団（サンガ）

における規範です。これを破った僧侶には罰則が与えられます。日本では、鑑真が苦難のすえに「律」を持ち込み唐招提寺で律宗を開きましたが、日本の土には根づきませんでした。

その要因として、日本古来の宗教である神道があります。神道には教祖や創始者がおらず、キリスト教の聖書やイスラム教のコーランにあたるような経典もありません。また、古くは神殿もなく、さらに宮司は専業でなく、共同体の持ち回りで務められていたといいます。つまり、宗教としてのフレームにあたる「経典・神殿・神官」はないが、神威はあるということです。

仏教が因果論で構築されている一方、神道は自然（じねん）を体現するアニミズム的価値観を有します。つまり、あるがままという無因果論で構築されているのです。この因果論と無因果論を融合し体系化したのが、奈良時代に始まる「神仏習合」[42]でした。

42 日本にもともとある神の信仰（神道）と仏教の信仰を折衷・融合した教説。

体系化はされたものの二つの間には常に矛盾が内在したため、動的に解釈されることで硬直化による淘汰を逃れました。鎌倉時代になると、拡大解釈を行う大乗仏教の流れの上に律を脱色した日本仏教が多くの宗派を作り出し、仏教の大衆化が始まりました。

誕生した多くの宗派は、個人の執着心を捨てる日本的思想の要素を持っていました。その背景には、常に変化しながらも全体として均衡を保つ、自然（じねん）の「動的平衡」[43]の外在した価値観と、魂の救済を目的にした主客を内在化する価値観との間で、最適化を求め続ける動的な価値観がありました。また、元来日本は天変地異が激しい国で、生々流転するのが世の常。特定のものに執着できない社会環境だったために、執着心を手放さざるを得なかったとも考えられます。

一方西洋では、中世における認識および価値観は、神が創造した人間が認識の主体であるという、客体がメインで主体がサブの価値基準が浸透しました。その後、近世のプロテスタントの誕生とともに、中世からの根本的価値観の転

43　福岡伸一が提唱する生命の在り方。相補性を維持しつつ、分解と合成を繰り返し、あやういバランスを保つこと。

換が起こり、人間の魂に神が宿るという信仰のもと、主体がメインで客体がサブの価値基準になりました。この哲学のもと、デカルトの有名な「我思うゆえに我あり：コギト - エルゴ - スム cogito, ergo sum」という言葉のように、主体を前提に客体を要素分解する要素還元論の科学が発達していきました。

しかし、客体が常に変化し続ける多変量の複雑系である場合、近代哲学のような要素還元はできません。主体は多変量の複雑系である客体を認識できず、客体については「分からない」というメッセージしか受け取ることができないのです。

つまり、多変量の複雑系は、主体と客体の2項対立でなく、主体と客体の関係性としては「主客合一」という認識になるのです。

哲学者の西田幾多郎[44]は、近代の主体中心主義や中世の客体中心主義以前の、主客が分かれる前の主客合一の重要性を解きました。

44 ［1870～1945］哲学者。京大教授。東洋思想の絶対無を根底に置き、それを理論化して西洋哲学と融合する西田哲学を樹立した。

古くから残る物語を思い返してみると、狼男や孫悟空などの世界では主体と、客体である自然が和合しています。日本の「鶴の恩返し」や雪女なども同様です。あるいは、人生を花や川の流れに見立て、和歌を読んだりしています。

現在では、バーチャルがリアルであり、リアルがバーチャルであるというように、分ける意味がない時代が到来しています。

主客合一観の根本認識を持ち、新しい複雑系の価値を科学する哲学が今、求められているのではないでしょうか。

哲学・科学・技術・産業・社会のつながり

時代というのは、人々の価値の認識が変わり、認識を体系化する価値哲学が成立し、価値観が科学を生み、科学が技術をつくり出し、技術が産業を構築し、産業が社会を構成することによって成立します。

過去にはサンタフェ研究所が提唱したカオス理論やフラクタル理論が、ブロックチェーンやディープラーニング、量子コンピューターなどの技術の進歩につながりました。そして今、これらの技術を用いた新しい産業が構築されようとしています。

しかしこのままでは、「豊かな経済のための健全な社会。その社会を支える善良な市民」という、功利主義の価値観を内在化させた工業社会が継続し、自然資本と人間関係資本をコストにする資本主義や市民の利己的な行動動機が社会毀損を引き起こし、市民活動に与える制約条件はいっそう厳しくなっていきます。

それゆえ、この誤作動を正す「豊かな社会のための健全な経済。その社会を支える善良な市民」という、主客合一の価値観を内在化させた工業のサービス業化（顧客の要望をカスタマイズする製造業）の出現が必要であり、価格競争から価値競争への転換が必要でしょう。

多変量の複雑系の価値を決める哲学が、人々の共通善を成立させ、共通善に基づく科学を発展させ、技術を進歩させないと、豊かな社会のための産業は成立しません。

今のままの主体と客体が分かれた状態では、社会は合理的に構造化するだけになってしまいます。つまり、持続可能な社会を実現できないのです。

1980年代から続く、マーケットインの商品開発は客体中心主義に類似しており、中世に逆戻りする現象が起きています。

また、個人主義（最大多数の最大幸福が共通善になる利己主義）の自由を重視する民主主義は、作られた情報の中で選択する自由を市民に対して与えています。これは主体中心ではなく、客体中心の状態です。さらに、法律は守るべきだという価値観も主体中心ではなく、客体中心主義の中世に逆戻りしているといえるでしょう。

共通善を持たなくなった近代は、構造に支配された近世や中世に逆戻りした価値観のもと、複雑系の技術を用いて新たな産業を構築しました。その次に、情報を活用し、自然資本や人間関係資本をよりいっそう管理する超工業化社会をつくりました。そして、私たちはこのような近代の延長にある社会をスーパーシティと呼び、不幸が蔓延するなかで生きていくことになるのです。

コペルニクス的転回により、豊かな社会のための健全な経済を支える善良な個人が、「豊かな関係性」を共通善とする主客合一の認識を持つ必要があるでしょう。

人類は恒久平和と生物多様性の世界を知る

情報が資本蓄積をする社会
生活者が価値生産をする社会

暮らせば暮らすほど、
買えば買うほど、

作れば作るほど、
売れば売るほど、
自然資本と人間関係資本が増大する社会。

孤独から解放するため、アソシエーション（共感する目的を持った仲間の自由な行動や言動を受け入れる愛情のある「ＨＯＭＥ」）的コミュニティのネットワークが、多様性を受け入れる社会。

尊厳という自分らしい自由を手に入れる権利を守るため、地縁や血縁、職縁といったリアルな場だけでなく、インターネットやバーチャル上の趣味や同好の縁でつながる場をいくつも持つことのできる、多層コミュニティのネットワーク社会。

このような社会の実現が、次なる希望社会につながる可能性が大いに見えてきています。

なぜなら、地球の制約条件（人口動態・資源枯渇・気候変動）が厳しくなる時代において、資源や部品などの安定供給を前提とした産業革命以降の工業社会は、終焉を迎えつつあるからです。

また、人々の根本的認識も、功利的な個人主義という利己主義が共通の価値認識になり、個人が幸せになればなるほど社会は不幸になりました。そして、経済格差が社会格差になり、個人は孤独になり、不幸になるなかで、根本的認識の転換が必要になってきました。

格差を生み出す経済は、マーケットイン型で価値を生産するがゆえに、市場の現状分析でしか判断できない状態です。つまり、主体が認識の基準でなく、客体が認識の基準となっているのです。

成熟する社会において生活者の購買意欲は低下し、マーケットインの見込み大量生産で多くの無駄が生まれています。また、資源枯渇や気候変動リスクが顕在化するなかで、原料やエネルギー供給は不安定になり、価格競争は限界を迎えています。しかし、多くの企業が価値競争の方法が分からず悩みながら足踏みしています。

　価値競争を行うためには、生活者の心の中にある潜在的な社会ニーズを顕在化させて、先行投資し市場化することが重要です。つまり、人間の社会的欲求（ESG品質）に投資することになります。この投資は、資産ではなく経費として計上されます。しかし、社会ニーズが顕在化して市場化すれば、サプライチェーンでの良好な関係を築きやすくなり、それによって目に見えない人間関係上の取引コスト（既得権益者との調整コストなど）が下がり、結果的に営業利益率が上昇します。

　社会ニーズを商品化するためには、社会的購買欲の形成が必要です。そこで企業は、ESG品質（社会的価値）の資源やエネルギー、部品を購入してESG品質的な製造を行い、物流および流通での販売を行うことになります。その実行には、従来の組織内でのコストパフォーマンスを高めるケイパビリティ[45]から、ステークホルダー[46]との共創でESG品質を実現するダイナミックケイパビリティを構築しなければなりません。

---

45 能力、手腕、性能。ビジネス用語としては企業が全体としてもつ組織的な能力、あるいはその企業に固有の組織的な強みのこと。

46 企業の経営行動などに対して直接・間接的に利害が生じる関係者（利害関係者）のこと。

だからこそ、事業を構築しやすい環境を整えるために関係性へ投資するのです。

ここまでの話を今一度整理します。

今までの資本主義のセオリーは、資本家が資本蓄積のために、社内の組織力を高める領域に先行投資をし、生産性を高め拡大再生産モデルを確立することでした。

これからは、社会関係性に投資をする時代がやってきます。資本蓄積のために社会課題のある領域へ先行投資をし、良質な経営資源の人・モノ・金・情報を集めます。それによって社会関係性が増えれば増えるほど、社会ニーズの市場が顕在化します。

市場が顕在化すれば、社会関係性が取引コストを下げるでしょう。営業もpush型からpull型になり、販売管理費や旅費交通費、広告宣伝費、リクルート費、社内取引コストなどが低減され、営業利益率が高くなります。営業利益率が高ければ、外部の変化に対して強くなります。

このようにして、不確実性の時代は豊かな関係性を共通善とする「Peer-to-

Peer（P2P）」の価値競争の時代になるでしょう。P2Pは、もともとインターネット上でN対N（多対多）の同じ価値観の仲間の関係が生まれることを指し、B2B[47]やB2C[48]の対語として生まれました。今ではブロックチェーン上の情報エコシステムの言葉として使用されています。

インターネットで情報の非対称性が破れ、ブロックチェーンで信用の非対称性が破れる時代において、一人ひとりのフラットな関係が築けるP2Pの進展によって、常識や慣例の打破、そして個人の「感性・知性・理性という悟性」や「信用や信頼」が問われるようになっていきます。地縁や血縁、職縁などで社会的な立場を得たとしても、その人が持つ人間力はブロックチェーン上で誰からも見えてしまうのです。

また産業も同様に、工業のサービス業化が進む時代において、ステークホルダーである従業員・株主・顧客などが持つ社会的動機性をもとに「自然資本と人間関係資本という社会的豊かさ」を生み出すことを主とし、経済的豊かさを従にするエコシステム型の産業になる時代がやってきます。

47　business to business の略。企業間で行われる電子商取引

48　business to consumer または business to customer の略。企業と消費者の間で行われる電子商取引

P2Pを軸に、サーキュラーエコノミー[49]のコミュニティ化という産業エコシステムと、コミュニティのサーキュラー化という生活エコシステムを情報で結ぶ、情報エコシステムが「エコシステム社会」です。

これからの世界は不確実性を増しながら、第二のリーマンショックや第二のギリシャショック、第二の震災ショック、そして可能性として、第二のウクライナショック（台湾有事や朝鮮半島有事）やその連鎖反応が発生する可能性を含みながら、本書のタイトルにも冠した「Transfrming our world：世界を変える」を目指すことになるでしょう。

これから次のような時代がやってきます。

①成長から成熟というルールが変わる。今の常識が未来の非常識になるパラダイムシフト的変革の時代。
②社会のフラット化・P2Pの社会の時代。
③組織の場所と時間を使って価値生産をするのでなく、個人の意識が価値創造

49 廃棄されてきた材料や製品を資源と位置づけ、循環・再利用する経済システムのこと。循環型経済、循環経済。

の基点になる時代。

個人の価値創造から個性ある意識が生まれ、その具現化が情報の資本力となります。そこでの企業の機能とは価値創造の持続であり、個人が価値創造しやすい関係性に投資を行うのです。

その投資活動を工業社会では複式簿記で評価しますが、その場合、人間関係資本や自然資本は経費（コスト）として評価されます。それらを経費でなく、価値創造のための換金化できない資本であると、資本の解釈を拡大する必要があります。数値化が難しい豊かな人間関係や自然環境を評価するには、P2Pによって複合した情報を連続的に最適化する「動的平衡」が求められます。量子コンピューターの進化がそれを可能にしていくでしょう。

不確実な情報を確実に可視化し、最適化した経営資源の投資を行うエコシステム資本主義が、2030年に到来すると私は考えています。

自分らしく生きる権利という尊厳を獲得するためには、豊かな社会のための経済を構築する正作動を確立しなければなりません。これまでの、豊かな経済のための社会の構築という意識では、経済に個人の尊厳を依存する誤作動が起こります。

ここで気を付けるべきことは、豊かな社会という価値を一部の管理する人間が決める場合、それは管理社会に依存した状態になってしまうという点です。一人ひとりが豊かな関係性を創造し続ける社会でないと、本当に個人の尊厳を守れる社会にはならないのです。

自分らしく生きるためには、豊かな関係性が必要です。自然との関係や人間関係を豊かにするには、豊かさを形にする関係性を自発的に築く能力が必要です。そのような意識を各個人が共通善として持つ多様性社会は、関係性を拡散せずに濃くしていきます。

意識が変われば、購買商品が変わる。

商品が変われば、企業が変わる。
企業が変われば、産業が変わる。
産業が変われば、社会が変わる。
社会が変われば、意識が変わる。
意識が変われば、購買商品が変わる。

このようなエコシステム資本主義になれば、欲望の資本主義といわれる世界を根本的に変えることができます。

経済格差や社会格差から生まれる「孤独」という不幸や、人間性を劣化させる社会から解放されて、人類や人間性を取り戻すことができます。

私は、社会に対する認識の変化である「心のビッグバン」が、やがて社会を変えていく時代を「Mindustry（マインダストリー）」と呼びたいと思います。

Mindutryとは造語で、日本語にすると「心産業」です。

かつての狩猟採集社会において、人が生きるために働いていた時間はわずか年間700時間でした。農耕社会が始まると作物を育てるために年間1400時間を費やすようになり、近代の工業社会では2100時間も働くようになってしまいました。

ここで、自分らしく生きる時間「余暇」に焦点を当ててみましょう。狩猟採集社会での主な余暇の過ごし方は、歌を歌ったり、絵を描くことでした。農耕社会では釣りや木の実の採集になり、工業社会ではガーデニングや散歩になりました。そして、現代を生きる若者の多くが、スマートフォンやパソコンを使ったゲームなどで遊んでいます。私はこれが心のビッグバンの予兆になるのではないかと考えています。

次の時代にはMinsutryの社会がやってきます。その実現に向けて、私たちはイノベーションの考え方も見直すべきでしょう。これからの時代に必要なのは、企業が駆動力となる技術イノベーションでも、情報が駆動力となる市場イノベーションでもなく、生活が駆動力となる社会イノベーションです。「関係性」という無形資産を可視化して、暮らしの在り方を根本から変革するのです。

このようなエコシステム資本主義のもと、発展すればするほど、人類の願いである「恒久平和」と「豊かな生態系」が実現する世界が必ずや到来します。

7 エピローグ

理想を諦めなくてもいい時代 ～社会的企業家[50]としての矜持～

1978年の第2次オイルショックを機に、環境課題と経済問題を同時に解決する100パーセント再資源化事業に私が挑戦して、45年が経ちました。

当時は「品質が良くても『産業廃棄物』だから使えない」という心理の壁が立ちはだかりました。「使いたい」といわれて喜んで先方に行けば、「処理費は欲しいけれど、産業廃棄物処理業の許可は取りたくない」という無理難題。「100パーセント資源化しているのに、廃棄物処理法から外れないのか?」と、セメント業界や非鉄製錬業界や鉄鋼業界から突きつけられたものの、日本の廃

50 環境、福祉、教育などの社会的課題をビジネスの手法で解決する社会的事業＝ソーシャルビジネスに取り組む起業家や推進者の総称。欧米では「ソーシャル・アントレプレナー」と呼ばれ、各種のソーシャル・イノベーションの担い手となってきた。国内では、日本初の社会的企業家の全国ネットワーク組織として、「一般社団法人ソーシャルビジネス・ネットワーク」が2010年に設立され、さまざまな活動が各地で展開されている。

棄物法はそうはなっていません。当時から私は、日本の産業力を使えば、地上資源や循環資源というコンセプトで100パーセント資源化できると思っています。

私は循環資源法という法律を作り「この世に無駄はない」という価値観が一般常識化する社会をいまだに夢見ています。

しかし日本の環境行政は、日本だけの都合で仕事をするので、世界の動きから日本を見る訓練ができていません。「夜郎自大」感は今も続いています。是正できる実力が政治家や学識者にもない気がします。

現実は、産業廃棄物処理許可を取りたくない製造業者に頭を下げて許可を取ってもらい、私は本格的な「資源リサイクル業」を手がけてきました。これは第2次オイルショックを機に始めた事業です。1985年の円高ショックになったときは、私たちが扱うのは地上資源、循環資源であり環境に良いことをアピールしても、円高の影響で地下資源、天然資源の方が安くなり、品質も量も安定していたため、いろいろな得意先から「今まで世話になったが来月からいらない！」と断られる日々でした。

「地下資源や天然資源より安くなったら、今まで通り使ってくれますか？」と、得意先を必死に一軒一軒回るとともに、事業規模の拡大も必要と思い、1986年の30歳の年には東京事務所を開設して、量の確保、大量物流によるコストダウンにも挑みました。

当時の本社は、港を使って出荷が便利な兵庫県姫路市の工業地帯にありました。実質的な経営者が社員や家族をふるさとに残して東京を拠点に活動することは、失敗の許されない挑戦でした。

明治座の近くに2DKのマンションを借り、8畳に2段ベッドと半畳ほどのコタツ、襖を開けた6畳にコピーとFAX、小さな事務机を三つ置いて、猫の額ほどの広さの玄関の上がりには二人が向かい合わせになる応接セット。リサイクル回収だけでなく、資源リサイクルを日本に広げる橋頭堡《きょうとうほ》です。

しかし、思い通りにはいかないもので、半年間はゼロ行進。時は円高ショックや株価大暴落のブラックマンデーなどの時期で、東京事務所のコストばかりが目立ち、「東京を締めて姫路に戻れ」の大合唱でした。社員や取締役だけでなく、税理士、地元関係者からも非難の嵐でした。「一年は続けさせてくれるという約束を守ってくれ！」と説き伏せるものの、関東は関西のような実利気質でなく、前例気質でしたので、いくら経済的なメリットを説いても「興味深い話をありがとう」が続いて、数字にはならなかったのです。ただ、同様のことは関西でも事業立ち上げの際に経験していたので、まずは関係性をつくることに専念しました。

そうこうしているうちに、関西で取引していた人が関東に転勤になり、「熊野さん、関東でも資源リサイクルやろうよ！」とお声がかかり、半年間で次から次へと面白いようにビジネスが拡大。拡大したのは、レアアースやプレシャスメタルのリサイクル回収でしたが、利益は出たものの二つのポイントで悩んでしまいました。

相場の利ざやによる収益向上が価値生産になっているのだろうか？
価値のあるレアアースやプレシャスメタルをリサイクル回収することで、新しい廃棄物を作っているのではないだろうか？

1990年に一大決心をしました。収益があったリサイクル回収から、私たちにしかできない「不確実を確実にする」という資源リサイクルに集中することに決めたのです。

その方針のもとに設計・計画したのが、日本ではじめての「100パーセント循環資源化製造所」でした。

売り上げが18億円ぐらいしかないときの13億円投資でした。

計画当初、銀行は「積極投資のような前向きな資金はどんどん貸しますから！」と言っていたにもかかわらず、折しもバブル景気のしぼみと重なり突然「確実な収益が約束できないと貸せません」と言うのです。さらに「支店の決裁枠はほとんどなく、本店の審査部の許可がおりないので諦めるか延期するかしてください」と事務的に言われ、投資が白紙になりかけました。多くの銀行が同様の雰囲気でした。

しかし、「諦めることはいつでもできる。ベストを尽くさずに諦めるつまらん人間にはなりたくない！」と、がぜんファイトが湧いて交渉を続けていたら、大手銀行の若い課長から「当行でやりたいので資料作りを手伝ってください」と、天の救いが現れました。結果、銀行の内部交渉もまとまり、勝負をかけた製造所の敷地の手付けに間に合いました。

資源リサイクルを「関東でもやろう」と言って転勤してきた取引先の若い課長や、土壇場で熱意が伝わり融資に努力してくれた銀行の若い課長というように、本当な運に恵まれていました。

オイルショック、円高ショック、バブル経済収縮という時代のメッセージを受けて、「合理だけで時代は動かない」ことを知りました。

しかし、「人は情理で動くこと」も知りました。

「信用」は経済的報酬を担保しますが、「信頼」は社会的報酬を担保します。

なお、日本で初めての100パーセント循環資源化製造所は開所当初、処理業の許可がおりずに事業が滞ってしまいました。

行政の前例主義で混合（品質も発生量も不安定な廃棄物をブレンドする処理方法）という業の許可なく、判断が下せないのです。業が許可範囲にないなら、施設許可という解釈をしてほしいと交渉して事業が動いたものの大赤字になり、苦労はしましたが、社員や取引先との関係性は強くなりました。

乾坤一擲《けんこんいってき》の挑戦が許可の遅れで大赤字になり、バブル経済の収縮を感じながらＩＳＯ１４０００[51]シリーズが動き出す予兆もあり、環境産業から産業の環境化への時代を感じました。

当時は物品税議論（今の消費税）があり、流通の短縮が始まることは自明の理でした。「日本で初めての環境総合雑誌」と銘打った本作りを行う日本環境リサーチ株式会社を立ち上げ、取材という手段を使ってトップ営業して、流通の混乱を避けながら、赤字事業を立て直しました。１９９７年に京都議定書が採択され、これからは環境の時代が来ると確信を持って挑戦していきました。

しかし、ＩＳＯ１４０００シリーズのマネジメントからパフォーマンスにシフトすることを考えて、エコラベルタイプⅡやタイプⅢの取得を試みていたさなか、同年にアジア通貨危機が発生。バーツ暴落から始まり、タイや韓国がＩＭＦ[52]（国際通貨基金）の管理下に入りました。日本では、山一證券や北海道拓殖

51　組織活動が環境に及ぼす影響を最小限にくい止めることを目的に定められた環境に関する国際的な標準規格。

52　為替相場の安定と自由化、および国際収支の均衡を図ることを目的に、ブレトンウッズ協定に基づいて１９４５年に設立された国際金融機関。

銀行の倒産をはじめとして、日本長期信用銀行、日本興業銀行、日本債券信用銀行の政府系と呼ばれた銀行は現在一つも残っていません。都市銀行は最多時の15行から4行になってしまう激動の時代の幕が上がりました。「いくら京都議定書が大事といっても収益のほうがもっと重要だ」と私たちも言われ続けました。

しかし、一過性の収益より持続可能な収益の方がさらに重要だと説いて回り、1998年に森林環境認証のFSC[53]（森林管理協議会）の勉強会を東大や京大の林学の先生らと協力してスタート。1999年には、三重県にある速水林業の支援のもとに、日本で最初のFSCの認証の審査サービス事業を始めました。

環境に良い森林の木材を選んでいることが可視化できれば、そのような環境フレンドリーな企業に資金が集まり、人が集まります。顧客が集まれば、広告費やリクルート費などの取引コストが下がり、認証にかける費用はすぐに回収できて持続可能な経営になると説いて回ったものの、状況は一向に動く気配がありませんでした。環境認証事業が認知されるには、エシカルを掲げた2020年の東京オリンピックの前夜を待つしかなく、同事業開始の判断は社員に苦労をかけた痛恨事でした。

53 Forest Stewardship Councilの略。世界規模で森林認証を行う非営利の国際NGO。世界自然保護基金（WWF）を中心として1993年に発足。

しかし、この環境認証事業をきっかけに2000年に社名をスミエイトからアミタ（AMITA）に変えて、本社を東京に移転。日本で初めての「総合環境ソリューション企業」というコンセプトを打ち出して、環境事業の多面化を進めていろいろな業種とのチャネルを増やすことができました。

この総合環境ソリューション事業は、100パーセント資源化事業の収益が大半を占めていたなかでの業態改革でした。

経営で一番経営力を発揮しなければいけないのは、業態改革をいかにスムーズに行えるかです。これは一度成功体験がある企業ほど難しいと思います。

経済学者のヨーゼフ・シュンペーター（020ページ）は、「資本主義は、成功すればするほど失敗する」という言葉を残しました。企業も同様のことが発生します。コンサルタントや経営学者は、利益が出ているときに次の投資をすることが大事とよく話しますが、経済変動が繰り返され利益を重視するなかで、業態改革がどれだけ難しいことか！

実業家で経済学者のクレイトン・クリステンセン[54]が1997年に『イノベーションのジレンマ』というベストセラーのなかで説いたように、業態改革をなし

54 ［1952～2020］アメリカ合衆国の実業家、経営学者。ハーバード・ビジネス・スクール教授。

えて本当の経営者の階段を上ったことになるのだと思います。

2000年の100パーセント資源化リサイクル事業から総合環境ソリューション事業への業態改革は、ともに会社の基礎を作ってきた社員ほど理解はしてくれない状態でした。しかし、一緒に基礎を作ってきたので、理解はできないが納得はする、という態度でなんとか形は整いましたが、事業統合には10年の月日がかかりました。日本型経営が否定された90年代でしたので、硬直化した部門をM&A[55]で手放して新規事業へ再投資するのが常識の時代ですが、大事なステークホルダーである社員を商品のように売り買いすることは嫌でした。社風を大事にしてきた事業家としては統合しか方法がなく、しかし努力する一方で社内の硬直化は激しく、幹部社員の時代認識や社会認識の思いこみ、先入観を説得しながら、時間をかけて徐々に業態改革を行ってきました。

総合環境ソリューション事業に業態改革してすぐにクラウドを使った環境マネジメントサービスを展開したり、地域の自立性事業の挑戦としてマイクログリッド[56]システムに参画したり、地域の最適解の自然産業というコンセプトで持

55 会社の合併(merger)と株の買い占め(acquisition)を組み合わせた用語で、企業買収の総称。

56 既存の大規模発電所からの送電電力にほとんど依存せずにエネルギー供給源と消費施設を持つ、小規模なエネルギー・ネットワーク。

続可能経済研究所を設立したりして、２００６年に株式を上場しました。時代は、２００１年のアメリカ同時多発テロによる９・11の株価大暴落や２００８年のリーマンショック、２０１１年には東日本大震災の３・11などが起きて大きく変動していました。

２００８年のリーマンショックでグローバル経済からローカル経済になると企業家精神で経営資源を内需に大半シフトしましたが、実態は対アメリカ輸出が対中国輸出になることでグローバル経済が続いたので、会社は大きなダメージを受けました。その立て直しの際に、２０１１年の東日本大震災と福島原発事故が起き、再度ローカルへの挑戦をしながら毀損した資本を修復していって、ようやく事業統合の状態が安定したときには、２０１９年になろうとしていました。

そして、２０２０年の新型コロナ・パンデミックを経験して、２回目の業態改革で総合環境ソリューション事業から社会デザイン事業へとシフトしています。

ＥＳＧ市場を目指してセグメントを一本化し、評価制度をなくし、ＯＫＲ[57]という目標管理を導入しました。商品戦略を変えたので営業販売戦略も変え、生

57 Objectives and Key Resultsの略。「達成目標(Objectives)」と、目標の達成度を測る「主要な成果(Key Results)」を設定し、企業やチーム、個人が、同じ重要課題に取り組めるようになる目標管理手法。

産仕入れ戦略を変え、組織戦略や資本政策も変えました。そして、業績が良くなったとき、2022年のウクライナショックが発生しました。

しかし、今度こそグローバル経済からローカル経済に移行が始まると思っています。ようやく業態改革が生かされるのだと私は確信をしています。

社会的企業家は不確実な環境と付き合いながら持続可能な経営を考えなければならないのです。

私が、社会課題と経済問題のトレードオフを何とかしたいという思いでビジネスを始めたとき、多くの先輩経営者から「事業でもうけて雇用を増やし、税金を納めるだけで社会的企業なんだ!」とよく言われました。今でもそのようなことを信じている人が少なからずいます。ならば問いたいのは、企業存続が社会的意義なら、なぜ争乱は続き、自殺は増え、心の病は増加し、温暖化が進み、廃棄物は増え続け、生態系が壊れるのでしょうか? そのような社会が真に発展した社会なら、根本的に価値観を変えるべき時が来ていると思います。

真の事業は、その事業が発展すればするほど人間関係が良くなり、自然との関係が良くなるという、豊かな関係性をもたらさなければならないのです。しかし、現状は豊かな関係性よりも豊かな経済が優先され、人間関係や自然との関係を悪化させています。

雇用すればよい、税金を払えばよいとする企業観こそ、反道徳的であると認識する時代が来ています。

また、エコロジカルであってもエシカルであっても、見込み大量生産や見込み大量販売は、エコロジカルやエシカルの売れ残りが出てしまいます。部分最適でなく、全体最適を見なければなりません。何より工業社会モデルは、人間と自然をコストにしての豊かさなので、人間を画一的な能力に封じ込めてしまいます。人間をコストから資本へと解放することが重要です。

豊かな関係性（人間関係資本と自然資本）を資本に、それらの増幅を目的とするエコシステム資本主義を推進する真の事業家を、私は社会的企業家と呼びたいのです。理想が実現しやすい時代に向けて、過去を分析する学者や過去を管理する公務員に頼るのでなく、リスクの中からチャンスを見つける企業家魂の時代が来ると信じています。

外の世界も内の組織も常に動いています。
人の気持ちが集まり時流をつくります。
社会的企業家は常に要素分解できない世界を形にしていきます。
何に向かって動いているかといえば、私の経験からいうと「安心」です。
では、なぜ人間は安心を求めるのでしょうか？

弱さの哲学

産業革命期の自然と人間をコストと考える価値観によって、能力主義や効率主義が生まれました。経済効率に社会正義が負けてしまうと、社会に対する暴力性を止めることはできません。

さらに今日では、地球の制約条件が年々厳しくなり、人間の生存だけでなくあらゆる生命を育むエコシステムが破損し、生命の存続自体が危ぶまれる状況です。人類は、本来有する社会的人間性の発揮により、エコシステムを守るだけでなく、さらにその豊かさを増幅することに挑戦するべきです。

そのためには、生態系の本質は「弱さ」であると認識しましょう。自然とは、曖昧で泡沫的で、当てにならない弱さの集合体であり、けっして強くあり続けることはできません。強くあり続けることは反自然であり、人工物であり、機械的であるということです。

「強さ」の哲学、すなわち「個々が立派で良質になり、その集合体が立派な社会になる」と考える価値観からの脱却に挑戦しなければなりません。「弱さ」はつながれば「強さ」になります。どのような環境変化にも対応します。しかし、つながらなければ「もろさ」になります。

経済至上主義の個人の功利主義が、生きる存在をもろくしています。

「弱さ」こそナチュラル（自然）であり、
「矛盾」こそナチュラル（自然）であり、
「混沌」こそナチュラル（自然）である。

西田幾多郎が唱えた主客合一のような「我は我であるが故に我ではない。よって我である」という豊かな関係性をつくり続ける主役になれば、自分の可能性を信じ、夢を共にする仲間の可能性を信じ、希望のある社会の可能性を信じることができます。

「弱者なれども勇者なり！」の尊厳を守れる主役になれると信じて、希望社会の開拓を目指す当事者となりましょう。

最終フォーラムの第1部でキーノートスピーチをする熊野氏。

2

最終フォーラム

Transforming our world: 世界を変える

第1部 未来へ向け世界を変える設計図

【登壇者】福岡伸一・酒井里奈・熊野英介

第2部 持続可能経済で世界を変える

【登壇者】安田 登・乾 正博・鈴木悌介・町野弘明

第1部【基調講演】1

福岡伸一

ふくおか・しんいち／生物学者。1959年東京生まれ。青山学院大学教授・米国ロックフェラー大学客員教授。サントリー学芸賞を受賞し、88万部を超えるベストセラーとなった『生物と無生物のあいだ』（講談社現代新書）など、〝生命とは何か〟を動的平衡論から問い直した著作を数多く発表。

現代社会の捉え直しを「生命が持つ柔軟さやしなやかさ」から学ぶ

みなさん、こんにちは。生物学者の福岡伸一と申します。今日は生命論の立場から、みなさんの考え方のヒントになるようなことがお話しできたらいいなと思います。

私は、生物学者になるずっと昔は、チョウチョが大好きな昆虫少年で、小学校の夏休みの自由研究はいつもチョウの観察でした。チョウチョがとても素晴らしいのは、幼虫がさなぎから成虫になるときの変化です。さなぎの中で幼虫の細胞はいったんどろどろに溶けてしまい、跡形がなくなってしまいます。つまり、破壊が起きています。でも、そこから何日かすると芋虫（幼虫）とは似ても似つかない素晴らしいチョウチョが出現するのです。こんな驚くべきこともないわけで、私はそこに深くセンス・オブ・ワンダー（自然に対する畏敬の念）を感じて、ますます昆虫が好きになったわけです。

私はどちらかというと内向的な少年でした。あまり友だちがいなくて、昆虫が友だちだったんですね。そこで、両親が心配したのか、あるものを買ってくれました。それが顕微鏡です。顕微鏡といってもそんなに高いものではなくて、教育用の安価な顕微鏡です。どうして友だちがいない少年が顕微鏡を買ってもらえたのかは、この顕微鏡を使って友だちを呼んできて、自慢したり、もっとコミュニケーションしなさいと、そういう親心だったと思います。

私はさっそく顕微鏡で大好きなチョウチョの羽を見てみました。すると、チョウチョの羽は、鱗粉《りんぷん》というミクロなモザイクタイルみたいなユニットからできていて、小紋のような柄が敷き詰められていました。顕微鏡の小さなレンズの底に、すごい小宇宙が広がっているということに気付き、私は吸い込まれてしまって、ますます友だちがいらなくなってしまいました。

私が生まれ育ったのは、昭和のど真ん中で、まだオタクという言葉がないなかでの昆虫オタクでした。何かこういう素晴らしいもの、センス・オブ・ワンダーに触れると、その源流をずっとたどりたくなってしまうのがオタク心なわけで、私は小学校の5年生ぐらいの頃に、顕微鏡というものはいったいどこの誰がいつ作ったものかを知りたくなりました。今でしたらインターネットで検索すれば、なんでもすぐに教えてくれます。けれども、当時はそういうものはなかったので、本を読んだり図書館に通ったりして、回り道をしながらだんだんとその顕微鏡の歴史をたどっていきました。

私が行き着いたところは(空想上ですが)、オランダでした。オランダの首都、アムステルダムから1時間ほど列車に乗るとデルフトという小さな町がありす。デルフトは、ある意味ヨーロッパの文化の交差点、人々の交差点、そういう町です。そこに、今から３５０年ぐらい前の17世紀に、顕微鏡の源流がありました。

当時のデルフトは、端から端まで10分ほど歩けば行けてしまうような堀に囲まれた小さな城塞《じょうさい》都市となっていて、教会と市役所が中心部にありました。そこからほんの１分ほど歩いた場所に暮らしていた、アントニ・レーウェンフック[1]さんという人が顕微鏡を作ったということを、私は本で読んで知りました。

レーウェンフックは、学歴もないし、大学の偉い先生でもない、町の毛織物商人でした。ただ、とても好奇心が強い人で、自分でレンズを磨いて部品を調達して、顕微鏡を独自に作り上げてしまった非常におもしろい人です。レーウェンフックの顕微鏡は、今私たちが知っている顕微鏡とは似ても似つかないものですが、穴が開いているように見えるところにレンズがはめ込まれていて、見たいものを近くに寄せると３００倍ぐらいの倍率で拡大されました。これで覗くとミクロな世界に小さな生命体が満ちあふれていて、彼は微生物というものを人類史上、初めて見ました。

---

1 ［１６３２〜１７２３］オランダ・デルフト生まれ。単レンズの光学顕微鏡を自作、赤血球・細菌・原生動物や動物の精子などを発見した。

「私たちの体は細胞からできている」、あるいは「赤血球や白血球が血液の中を流れている」、挙げ句には、さまざまな動物の精子を見つけて、これが生命の種になっていると考えました。

アマチュアの物好きなおじさんが、生物学史上、画期的な発見を次々になしたということで、たちまち少年だった私のヒーローとなって、私もそうなりたいと思って生物学の道に入ったわけなんです。

自作した顕微鏡でミクロの世界を垣間見た、アントニ・レーウェンフック。

レーウェンフックが生まれたのは1632年。日本でいうと江戸時代の幕が開けて間もない頃でした。そして、私にとってデルフトはほかにも興味をひく町でした。この同じ年に、彼が住んでいたほんの100メートルほど離れたあたりに、ある男の子も生まれていました。教会の洗礼簿の同じページに二人の名前が近接して書かれていたことから、誕生日も近いとわかっていて、おそらく幼なじみで、大きくなってからは友だちになった、親友になった、と推測する人がいます。それはヨハネス・フェルメール[2]さんです。レーウェンフックとフェルメールは同じ時代の同じ場所にいて、今では科学と芸術はまったく違う分野になっているものの、二人はレンズの作用とか光の見え方とか、さまざまなものを語り合っていた——そういう時代があった思います。私は小学校5年生ぐらいでこのフェルメールの存在も知ったのですが、そのときはレーウェンフックに夢中で、フェルメールのことはすっかり忘れていました。後になってフェルメールのことを思い出して、大人になってから今度はフェルメールオタクになってしまいました。この話をすると時間がなくなってしまうので、フェルメールのことはいったん忘れていただいて……。

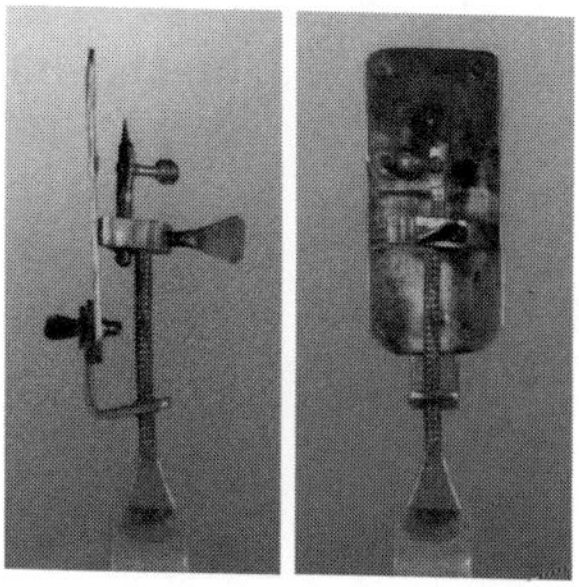

レーウェンフックが自作した顕微鏡のレプリカ。写真右の上部にある穴にレンズをはめてのぞく。

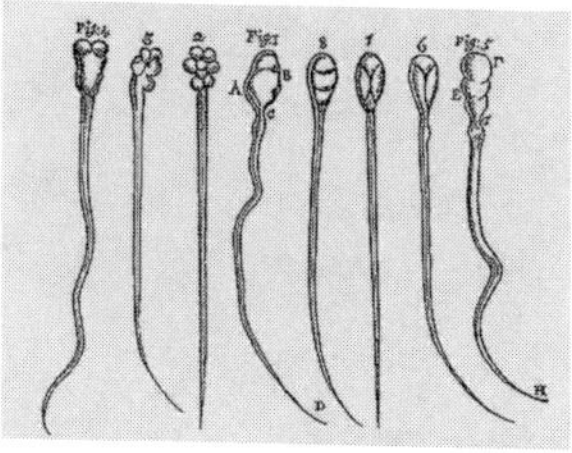

さまざまな動物の精子を見つけて、これが生命の種と考えた。

レーウェンフックが顕微鏡を使ってこのミクロな世界を見たのが、ある意味で近代科学の始まりです。17世紀から近代

2 ［1632〜1675］オランダ・デルフト生まれの画家。『青いターバンの少女（真珠の耳飾りの少女）』など。

科学が始まって、それは基本的にはあらゆる世界のものを分解して、要素に分けて、要素を調べるとまたそこにミクロなレベルの世界が広がっていて、それをまた調べていくというふうに、分解の科学が発展していったわけです。

生物の細胞というのはところどころ抜けて見えるところがあり、そこにDNAが折り畳まれています。現在、私たちはレーウェンフックの時代から350年たって、あらゆるものを分解して、DNAの端から端までもすべて読み尽くして書かれている遺伝暗号を解読してしまいました。それはヒトゲノム計画の完成というもので、細胞の中で使われているすべてのパーツを知っているわけですね。

ですから、私たち分子生物学者、生命をミクロのレベルで研究している者は、細胞を見ると機械の基盤のようにも見えています。つまり、生命を機械と見なしているわけです。

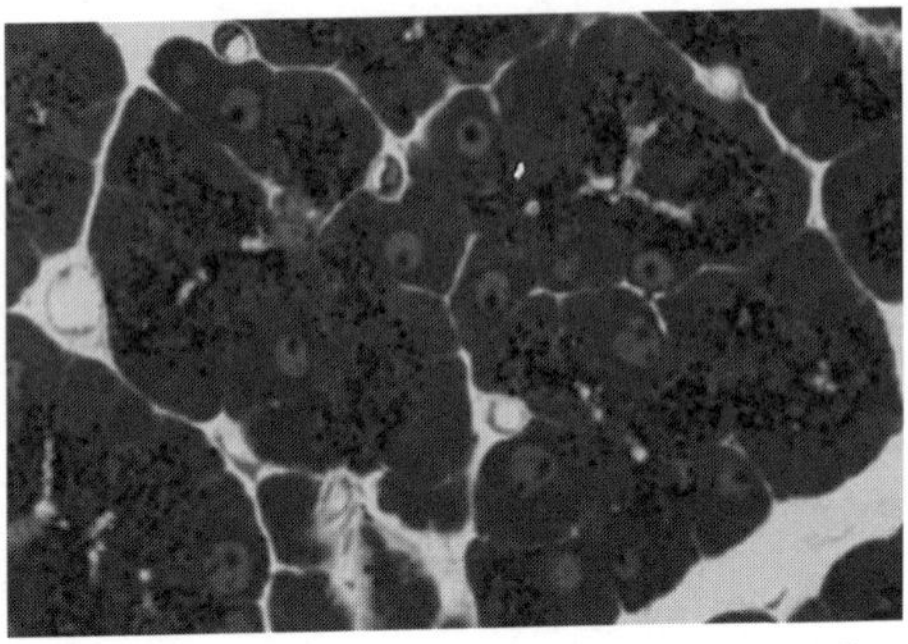

レーウェンフックの顕微鏡と同じ倍率で見た細胞。細胞の中の丸く抜けているようにみえているところにDNAがある。

端的にいうと機械論的に生命を見る、メカニズム的に生命を見る――メカニズムのメカというのは機械という意味ですから、要素還元主義的に世界を分けて分けて、分け尽くしてきたわけです。私も生物学者になったときは、この機械論的な考え、要素還元主義的な考え方に立って、細胞の中の遺伝子を調べることにまい進しました。

しかし、この機械論的に生命を見過ぎると、生命が持っている非常に大事な側面を見失ってしまうこと、要素還元主義的に物事を要素に分けると見えなくなってしまうものがあることも、みなさんと共有したいと思います。まずは、要素還元主義的に私が研究していって、どういう挫折を味わったかを聞いてください。

私はそれほど大発見をなしたわけではないのですけれども、小発見はいくつかすることができました。その一つは、GP2と名付けた新しい遺伝子を見つけたことです。今となってはゲノム計画のほんの1ページ、1行でしかないもののの、当時は新しい遺伝子の発見だったわけです。GP2遺伝子というのはG

P2というタンパク質の設計図のことです。GP2というタンパク質は細胞の表面にアンテナみたいに突き出しています。

GP2というものが存在していることがわかると、分子生物学的に次は何をするかというと、GP2が細胞の中の要素としてどんな機能を担っているかを調べていきます。私は非常に機械論的なアプローチで、GP2に切り込んでいったわけです。

研究にはGP2遺伝子ノックアウトマウスという特別な遺伝子操作を施したハツカネズミを使いました。まず、細胞の中の細胞核からDNAの細い糸を取り出して、GP2が書かれている場所を特定し、ミクロな外科手術でその部位の両側を切ることでGP2の遺伝子を抜き取って、残りの糸をつなぎ合わせて細胞に戻します。そして、その細胞から受精卵を作って、1匹のマウスに育て上げます。そうすると、マウスの全身の細胞はその受精卵から出発した細胞なので、マウスのすべての細胞からGP2の遺伝情報が消去されたマウスができます。これをノックアウトといいます。

つまり、このマウスはGP2という大事な部品が欠損しているマウスなのです。そうすると、生命は機械と見なしていますから、部品が一つなくなれば当然壊れると予想するわけです。その壊れ方を調べることによって、GP2が何をしているかを明確に言い当てるというのがこの実験方法なわけです。

もしも、このGP2遺伝子ノックアウトマウスががんになれば、それはGP2がないからがんになっている、つまりGP2は普段はがんにしないようにしてくれているということ。もしも、このGP2遺伝子ノックアウトマウスが糖尿病になれば、それはGP2がないから血糖値が制御できなくなったということ。つまりGP2は普段は血糖値を正常な範囲にコントロールしている、そういう部品だということができるわけです。

私は非常に苦労して、このノックアウトマウスを作り出しました。だいたい3年ぐらい寝食

実験室にて。GP2遺伝子ノックアウトマウスと福岡伸一氏。

を忘れる実験が必要で、研究費もたくさんかかります。小さなハツカネズミの背中にポルシェの新車なら3台ぐらい買えるぐらいの研究費が乗っかっていて、それを私は東奔西走して集めてきて、なんとかこのマウスを作り出しました。そしてこのマウスに一体どんな異常が起こるのかを固唾《かたず》を飲んで見守りました。

ところが、このマウスは元気に成長して大人のマウスになり、実験飼育箱の中を走り回っていました。どこにも異常が見当たらないんです。いや、そんなはずは絶対ない……。GP2がないから何か異常が隠されているに違いないと、血液検査をしたり、細胞を調べたり、顕微鏡で見たり、行動検査をしたり、あるいはハツカネズミの寿命は2年ぐらいあり、全期間を見たりしましたけれども、どこにも異常がない。それどころかきちんと子孫を増やしていきました。子孫もみんなGP2遺伝子ノックアウトマウスになるものの、子孫にも異常がなく、部品が一つないにもかかわらず五体満足という、何にも結果が出ない大きな壁にぶつかってしまいました。

ふと、私はある論文で読んだ言葉を思い出しました。「生命は機械ではない。生命は流れだ」という言葉です。詩人の言葉というか哲学者の言葉のように聞こえますが、これを言ったのは今から100年ぐらい前のユダヤ人科学者、ルドルフ・シェーンハイマー[3]さんでした。私は彼が行った実験に着目して、生命観を機械論的ではなくもうちょっと別な見方に変更して、生命を捉え直すことが必要ということに、だんだん接近していきました。

シェーンハイマーは、私にとってはレーウェンフックと並ぶヒーローで、20世紀最高の科学者の一人ですが、歴史の中に消えてしまった科学者となっています。ノーベル賞を取ったわけでもなく、大教授になったわけでもない。43歳という若さで謎の自殺を遂げてしまったので、彼の仕事も歴史の中に忘れ去られてしまいました。今こそ彼に光を当てて再評価し、新しい生命論を立ち上げ直すべきという思いに至りました。

「生命は機械ではない、生命は流れだ」という考えを提唱した、ルドルフ・シェーンハイマー（1898〜1941年）。

3［1898〜1941］米国の生化学者。ドイツ生まれ。生体内の代謝について、同位体標識を用いて調べる手法を確立した。

それではシェーンハイマーは、どのような実験をして「生命は機械ではなく流れているものだ」と言ったのかを、駆け足で見てみたいと思います。彼の問いは単純で、「なぜ私たちは生きていくために、毎日食べ物を食べ続けなければいけないいか」というものでした。すでに世界は機械論的に、あらゆるものを機械のアナロジーとして捉える近代科学の真っただ中にいましたから、「そんなことは簡単だ。生命と食べ物の関係は自動車とガソリンの関係と同じだ。自動車を動かすためにはエネルギー源としてのガソリンが必要で、それが燃やされて運動エネルギーになって自動車が動く。それとまったく同じように、食べ物を食べるとそれが体の中で燃やされて、熱エネルギーは体温になり、運動エネルギーは運動になり、化学エネルギーは代謝になる」、と。

燃えてしまうと燃料は仕事をして消えてしまうので、また新しい燃料が要るということです。しかし、シェーンハイマーは、それはそうかもしれないけれども、本当に今食べたものが過不足なく燃やされて、それが燃えかすとなって出ていくのか？　そのインプットとアウトプットの収支がきちんと合うかどうかを見極めないと自動車と同じに考えられるかどうかわからない、と思ったわけなんです。

とはいえ、今から100年ぐらい前に、そのことを見極めるには大変難しい課題がありました。というのもレーウェンフック以来、私たちは世界を細かく分けてきましたから、生命体も結局は酸素とか窒素とか炭素とか水素といった、原子の粒々の集まりと見なすことができました。そして、食べ物も植物性にせよ動物性にせよ他の生物の体の一部をもらってきたものなので、これまた原子の粒々の集まりなわけです。そうすると、原子の粒々が今100粒あったとして、これが体内に入ってしまうと、どの粒がどこに行くかわからなくなって追跡できなくなってしまうのです。収支が合うかどうかを調べるには、今食べた原子に何らかの方法で標識を付けておかないと追跡することができず、原子の一粒一粒に標識を付けるなんていうことは、当時、誰にも思いつきませんでした。

ところが、シェーンハンマーは素晴らしいアイデアを物理学から持ってきました。それがアイソトープを使う、同位体を使う実験です。同位体とは現在の医学や生物学で一般的に使われているもので、一般的にある炭素は炭素12という12の質量数を持った炭素なのですが、同じ炭素であっても自然界にはほんのわずかに13とか14というふうに、少しだけ重い炭素があります。その炭素を使って原子を標識しておくと、それは味も、においも、見た目も、栄養価も変わらないまま、少しだけ重さが違うので、その重さを頼りに、体に入っていった後、あるいは体から出て行った後もずっと追跡できる、そういう実験ができるとシェーンハイマーは考えました。消えないマーカーペンで色を着けた、と考えていただいて結構です。そうして、食べたものがどうなるかを調べました。

実際に食べさせてみると、非常に意外なことが起きていることがわかりました。食べた物は、半分以上が燃やされることなく、ネズミの体の中に散らばっていって、あらゆるところに溶け込んでネズミと一体化してしまったわけです。これがガソリンなら、ガソリンを自動車に入れたらタイヤの一部になったり、ガラスの一部になったり、エンジンのネジの一部に成り代わってしまうということで、自動車と燃料のアナロジーでは説明がつかないことが起きていたわけです。

シェーンハイマーは、この実験を非常に厳密に行っていて、まず実験をする前のネズミの体重を測っておきました。ネズミはもう大人なので成長期みたいにどんどん体重は増えません。それでも標識した原子を食べるので、その標識物は体の中にたまっていくわけです。

しかし、そのプロセスの間でネズミの体重は1グラムも増えていませんでした。ではいったい何が起きているのか？　シェーンハイマーは次のように解き明かしました。

物を食べると、その食べ物の原子や分子は体の中に溶け込んでその生物の一部になります。そのとき、もう一つ別のことが起きていて、ネズミを構成していた原子や分子が体から抜け出ていったということです。つまり、食べ物を食べるというのは、燃料を補給するのではなくて、自分自身の体の分子や原子を入れ替えているということです。

私たちの身体というのはかちっとした精密機械のように見えて、実は絶え間のない分解があらゆるところで起きていて、絶え間のない合成があらゆるところで起きていて、ぐるぐると回っているわけです。この流れを止めないためには、私たちは環境から絶えず食べ物という形で取り込んでいかなければなりません。それをまた環境に戻しているわけです。そういう流れの中に生命というのはあって、二度と同じ状態はないし、二度と同じものは体の中に入ってこないわけです。

シェーンハイマーはこの実験をいろいろな形で行っていて、体のどこがどれぐらいの速度で入れ替わっているかも、ネズミを使って実験をしてみました。誰もが自分の体の中で爪が生え替わるとか、髪の毛が生え替わる代謝はある程度実感できますが、全身のあらゆるところがすごい速度で替わっています。なかでも、最も速く替わっているのはどこだと思いますか? それは消化管の細胞で、消化管の細胞はだいたい2~3日ですっかり入れ替わっています。

ですから、うんちの主成分というのは食べかすが出ているんじゃなくて、実は自分自身が壊されて捨てられているんですね。そして、食べた物から新しい細胞が作られます。これは全身のあらゆる部分にいえることで、速い遅いはあれど、筋肉でも、肝臓でも、血液でも入れ替わっています。歯とか骨みたいに硬いところでも内部は入れ替わっているし、脳細胞や心臓の細胞みたいに分裂しない細胞でも、細胞の中身は入れ替わっているんです。

これをシェーンハイマーは、「体は非常に動的な状態（Dynamic State）にある」と論文に書いています。私たちの体は個体のように見えるけれども流体であって、そこに流れがあるわけですね。私はこのコンセプトをさらに展開して、絶えず流れながらもある一定のバランスを取っているものが生命体で、その視点から生命を捉え直すことが必要だと考えて「動的平衡《どうてきへいこう》」[4]という言葉をここに当てはめたいと思っています。

動的平衡というのは、作ることよりも壊すことを一生懸命やっているわけです。壊すことが先行して、それを追いかけるように作っています。

変わらないために変わり続ける——禅問答

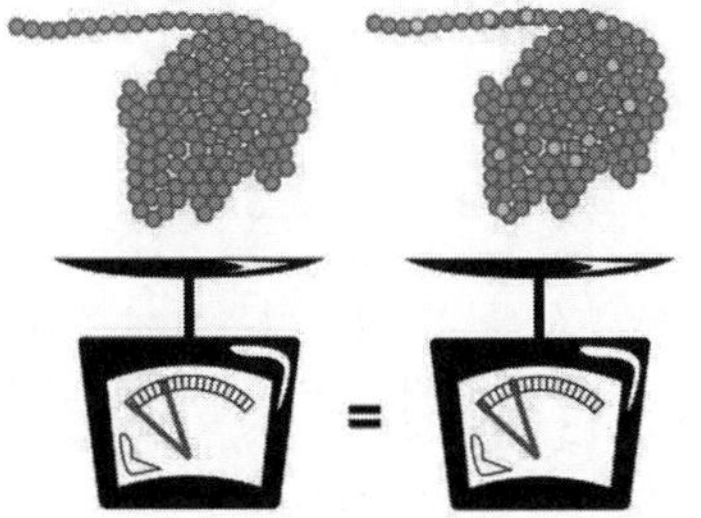

食べた物は体の中に散らばってあらゆるところに溶け込んでネズミと一体化する。物を食べることは、燃料の補給ではなく自分自身の体の分子や原子を入れ替える契機になる。

4 福岡伸一が提唱する生命の在り方。相補性を維持しつつ、分解と合成を繰り返し、あやういバランスを保つこと。

みたいに聞こえますけれども、大きく劇的に変わってしまわないために、絶えず同時多発的に小さく変わり続けているわけです。そして、分解と合成の絶え間のない均衡が絶えず図り直されているわけです。それが故に、私たちの体は代替可能性があって、GP2がなければないなりに新しい動的平衡をつくって、なんとかやりくりしているわけです。

環境が変われば柔軟に変わるし、栄養状態が変われば体の代謝は可変的に調整されます。ケガをすれば修復されるし、病気になれば回復できます。その生命が持っている柔らかさとかしなやかさ、あるいはレジリエンスみたいなものは、すべてこの動的平衡が故に成り立っている、そういうふうに生命を捉え直す必要があります。

そして環境全体も、生命体と生命体のある種の動的平衡で成り立っていますので、この概念はもうちょっとマクロなスケールでも適用できます。

では、なぜ絶え間なく変わり続けているのに、私というものは私であり、なんとか記憶が保たれたり、ある種の平衡が保たれ得るのか？

それは動的平衡という絶え間のない流れが、あるルールによって支えられているからです。そのルールとは相補性です。ちょうどジグソーパズルのピースのようなものと考えてください。細胞と細胞、あるいは細胞の中のタンパク質とタンパク質の関係が、単に機械の部品のようにはめ込まれているわけではなくて、絶えず前後左右、あるいは細胞ですから上下との間に、他を律しつつ他を支えるような関係があります。一つのピースは分解されて捨てられても、周りに八つのピースが残っていれば、真ん中のピースの形と場所が記憶されるので、新しく作られたピースはここにはまることができるのです。

私たちの体、あるいはこの生態系全体は1枚のジグソーパズルの大きな壁画みたいなもので、絶えずこの相補性が保たれながら更新されています。それによって、このシステムの中にたまっていくエントロピー（乱雑さ）を一生懸命捨てています。これを生命はけなげに行っています。

たがいに他を支え合いながら、たがいに他

生態系全体は1枚の大きなジグソーパズル。たがいに他を支え合いながら、たがいに他を律する相補性＝利他性により成り立っている。

を律する相補性という動的平衡を支えるルールは、他者に何かを与えるという利他性と読み替えてもいいと思います。相補性、利他性によってこの生態系は成り立っていて、システム全体としてある種の柔軟さと持続可能性を持っているというわけです。

私たちの体というのは、ちょうど『方丈記』[5]の冒頭にあるように、絶えず世界というか環境が流れ込んでいて、それで一瞬で自分の体ができます。でもそれは分子や原子のよどみのようなものであり、それがまた環境に、他の生命に手渡されているわけですね。個体の生命は有限性の中にあるのですけれども、その生命と生命の絶え間のないバトンタッチ、パスのやりとりというのは絶えず行われていて、それが38億年の長い年月の間、一度も途切れることがなかったのが現在の私たちの生命ということです。

この生命が持ってる柔軟さやしなやかさ——そこからこの閉塞されて分断されてしまった現代社会というのを、もう一度捉え直す必要があるのではないかなというふうに思っています。今回のフォーラムでみなさんと議論していきたいポイントです。

---

5 鎌倉前期の随筆。鴨長明著。1212（建暦2）年成立。

第1部【基調講演】2

酒井里奈

さかい・りな／株式会社ファーメンステーション代表取締役。一般社団法人ソーシャルビジネス・ネットワーク フェロー。東京都出身、ＩＣＵ卒業。富士銀行、ドイツ証券などに勤務。発酵技術に興味を持ち、東京農業大学応用生物科学部醸造科学科に入学、09年3月卒業。同年、ファーメンステーション設立。好きな微生物は麹菌。好きな発酵飲料はビール。

発酵や微生物の世界とこれからのビジネスの類似性

みなさん、こんにちは、酒井里奈と申します。私はファーメンステーションという会社を経営していて、現在、14年目になります。その間、私自身はまったく揺らぐことがなくても、なかなか理解を得られないことが多くありました。ファーメンステーションという会社がやってきたことと、私がずっとやろうと思ってきたことは、一般的なビジネスの常識では不正解といわれることが多く、非合理とか、お金のにおいがしないとかの言葉もありました。ただ、相反することを両立させようとしたり、いろいろなチャレンジを通じて、最近の世の中は変わってきたとすごく実感しています。

「今はチャンスだと思う」「時代が変わるタイミング」と熊野さん（持続可能経済協会代表／アミタホールディングス会長）がおっしゃっていて、私もそうだなと思っています。とても素敵で共感できる「Transforming our world」をテーマに、私たちの紹介をさせてください。

ファーメンステーションは英語の発酵（fermentation）と駅（station）をかけ合わせた造語で、「発酵の駅」という意味です。発酵技術を活用することで、さまざまな資源が姿を変える駅のような存在になりたい、という想いを込めています。

加えて、「発酵」という言葉は比喩的な意味でも使っています。発酵とは実に文化的な言葉で、微生物が人間にとっていい働きをするって、人にとってすごい都合のいい解釈だなと思うんですが、微生物を活用することで何かが絶対よくなる、変身するというところが、とても素敵だなと思うのです。「私たちが関

酒井氏がファーメンステーション創業時に描いた「発酵の駅」のイメージ。

わることで必ずいいことがある。そのような存在でいたいね」といつも話しています。Fermenting a Renewable Societyという言葉をパーパスとして事業をやっています。

私の社会人としてのキャリアは、富士銀行（現みずほフィナンシャルグループ）からスタートしました。プロジェクトファイナンスやM&A（企業の合併と買収）などをしながら10年間仕事をしていたときに、思い立って発酵を勉強して2009年に起業しました。

何が起きたかといいますと、新しいビジネスのようなものをしてみたいという興味がわいていたときに、たまたまテレビで東京農業大学の先生が、「発酵と微生物ってすごいんですよ」、と。よく理系と文系を分けて考えるのはよくないといいますが、もともと私は文系で、生物も化学もほとんど手をつけずに大人になりました。ところが、農大の先生によると発酵・醸造の技術は日本の文化そのものに近く、その延長線上にあるので文系に近い理系というふうに話されていて、もしかしたら、微生物の働きを活用して環境にいいことができるのではないかと思い立ち、30歳を過ぎて東京農大に入りました。実際入ってみたらしっかり理系で、そんなことないじゃないかという感じでしたが……。

ファーメンステーションの拠点は、岩手県奥州市の工場と東京都の本社の二つです。岩手県に工場を持ったのには、あるきっかけがありました。

奥州市は田んぼが美しいところですが、休耕田が著しく多く、田んぼ全体の3分の1が使われていませんでした。ある日、この田んぼを活用してバイオ燃料[1]を作りたいという人が大学の研究室にいらして、いろいろなご縁もあり私も関わりました。農大で発酵の勉強をして、学部を卒業したタ

ファーメンステーションの東京本社。

1 植物に由来する有機資源を利用して生み出された燃料の総称。

イミングで岩手の人たちと出会い、使われていなかった田んぼでお米を栽培して、バイオ燃料を作り始めたのです。いわゆるスタートアップ、ベンチャー企業と呼ばれる会社で、仲間と一緒に事業を展開しました。

どんなふうに事業をやっているかというと、最初は数人で細々《ほそぼそ》とした実験から始まりました。徐々に分かってもらえる、共感してもらえる、いい仲間がどんどん増えてきました。ビジネスのバックグラウンドがあったり、発酵のバックグラウンドがあったりとさまざまです。CTO（最高技術責任者）は、協和発酵、アサヒビール、ニッカウキスキーで微生物の研究や事業開発をしていた人で、実はアサヒさんとファーメンステーションで一緒に仕事したときに、あまりにぴったりだなと思いまして3年かけて「絶対うちに入ったほうがいいよ」と声を掛け続け、仲間に入ってもらいました。そういった感じで仲間を増やして事業をやっています。

私たちが何をやっているかというと素材を作っています。今、サステナブルな素材、などといわれたりもするなかで、普通の素材メーカー、従来やってたような会社とは、まったく違うやり方で、エタノールやさまざまな発酵由来の原料を作っています。何が違うのかをお話ししたいと思います。

まず一つ目。たとえばエタノールは、消毒に使う以外にお酒の原料や化粧品、日用品、工業製品など多くのものに使われています。従来だと石油から作る、もしくはたくさん安く作る必要があるものですので、海外からサトウキビやトウモロコシなどを大量に安く仕入れたり、それだけのためにわざわざ植えた植物を使ったりします。

それに対して、私たちは未利用資源しか使いません。これは私が事業を始めたきっかけであり、絶対的な約束事です。有効活用されていないと思われるもの、廃棄されてしまっているもの、休耕田のような活用されていない田んぼで育てたもの、食品工場や飲料工場から出る残渣《ざんさ》など、そういったものだけを使うと決めています。手間がかかるし、種類もあるし、学ぶべきことも多いので、従来の考え方だと非合理的かもしれませんが、これがやりたいことなので未利用資源だけを使います。

二つ目は、作り方がまったく違うことです。従来の考え方だと、とにかく一つのものを大規模に作るために機械を造る、設備を造る、工場を造る、となります。私たちはもともと排水処理の施設を整備するお金がなかったこともありますが、できるだけごみを出さないようにして、結果的に環境負荷が非常に低い製法を完成させました。たとえば、岩手の工場では自然エネルギーを利用していたり、水の使用量は一般的なお酒造りと比較すると8分の1だったりします。そういうマインドで工場を稼働させています。

三つ目は、ごみを出さないというか、なんでも使い切ります。一つのものをいっぱい作ろうと思うと無駄なものが出るので、満遍なく作るような工夫をしています。たとえば、エタノールだけ作ろうと思うと合理的ではないやり方をしていたりします。まずはいったん米とか、リンゴの搾りかすとか、傷んだバナナとか、いろいろな原料を使ってエタノールを作ります。残ったかすも発酵すると実はいいものだったりするので、エタノール以外に化粧品の原料も作ったりします。それでも余ったものは地元の畜産用のいい餌になります。リンゴの搾りかすそのものは餌としてあまり魅力的でなくても、エタノールを作った発酵後はかえっていいものになります。一つのものをどんと大量に作るというより、「ちょこちょこといいものを作ってトータルで回そう」という考えで循環につなげていくことが私たちの事業の特徴です。

こう言うと、サステナブルで環境にいいことをしているけれども、機能性の低いものを作っているのでは？　と思われる人もいるでしょう。しかし現実に、微生物の力で、これまでにないような高い機能性を有した原料を作ることに成功しています。技術自体も日本でもともと活用されていた麹もありますし、それ以外にも酵母などいろいろな菌を活用して、それぞれの原料といい菌の組み合わせで機能性を高めています。「活用できていなかったものが活用できるようになる」、とたくさんお声掛けもいただいています。

最近ではワインの搾りかすとか、リンゴの搾りかす、傷んでしまって流通に乗せられないようなモモ、バナナ、サクランボなど、驚くほどたくさんあります。

小さすぎて使えないジャガイモや、カンロ飴もあります。カンロさんに聞くと、ときどき製造工程で飴の中に空気が入ってしまうことがあり、舐めているときに口が切れてしまったりすることから規格外になってしまうのだそうです。

また、ユズの産地である高知県では、皮を使い、果汁もポン酢に使ったりしています。けれども、さのう（ユズ搾汁のかす）という袋のところは活用されておらず、県内で処理できないので県外に運ばれていました。さのうからもエタノール原料を作っています。

未利用資源の一例。左上から：ワインの搾りかす、リンゴの搾りかす、傷んでしまって流通に乗せられないモモ、バナナ、サクランボ、さのう（ユズの搾汁かす）、小さなジャガイモ、カンロ飴。

原料には休耕田で育てたお米や、規格外で流通できないウメ、ヒエぬかなどもあります。岩手は雑穀の産地であってもぬかが全然活用されていませんでしたので、ぬかから機能性のあるオイルを採りました。あまり大事にされていなくても、実は私たちにとってお宝です。発酵技術によって変身させています。

なお、事業を始めた10年以上前は、トレーサブル[2]な原料とか、ごみからでき

2　英語の「traceable」。追跡できること。原料の生産から製品の流通経路までをたどれることなどを意味する表現。

ている原料なんて誰も買わないと思う、みたいなことを言われました。ところが、最近は機能性があることを前提に、「そういったものを使いたい」「そういう商品のほうがいい気持ちがする」と思われる方が増えてきたと感じます。

企業もCSR[3]というよりは、新たなビジネスとして考えてくださる会社が非常に多いという印象を受けます。「時代が変わってきている」のです。

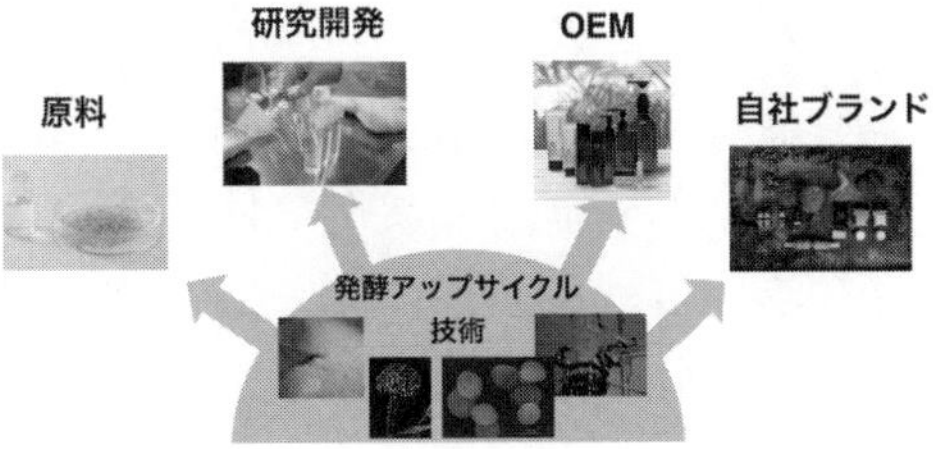

ファーメンステーションの四つの事業。

今、会社で四つの事業を展開しています。スタッフは14名なので、何かにフォーカスすべきでは、と言われることも多いですが、どれも必然性がある事業なので進めています。コアの技術をベースに、原料を化粧品や日用品のメーカーさんに売ったり、燃料やプラスチックの原料をというお話もあることから共同研究をしたり、自社の商品があったり、お客さまの商品を作ったり、大企業さんと共創したりしています。

3　企業の社会的責任。

また、事業性と社会性の両立は私たちにとってすごく大切です。私は金融機関で働いていた頃、大きなインフラ事業に関わっていました。新幹線の輸出や石油化学にファイナンスを付ける事業をしていて、そこにはビジネスのおもしろさと醍醐味がありました。億単位のお金が動くのでエキサイティングです。ただ、その一方で環境や地域にとってどうなのかを考えることも多く、どうせやるのなら「ビジネスにもいい、地域や環境にもいい事業であるといいな」と考えて、会社をつくってやってきました。

みなさんはB-corpをご存知でしょうか? B-corpというのはアメリカの非営利団体が運営している認証制度で、Use Business as a Force for Goodというスローガンがあります。パタゴニアやダノン、ザ・ボディショップといった会社が名を連ねていて、「ビジネスをやりながら、その力を地域環境と従業員にも還元しよう」としています。B-corpでは、「ステークホルダー資本主義」と表現していて、自分たちを含め、関わるすべての人にプラスとなるビジネスの在り方を模索しています。

ファーメンステーションでも、2022年に認証を取得しました。日本以外に、海外の4000〜5000社ぐらいが認証を取得済みで、その中のコミュニティーでは、どういうふうに自分たちのビジネスを改善できるかを本気でディスカッションしています。まだまだ私たちにも足りないところがありますが、これまでにないビジネスの在り方を模索しています。

考えているだけでなく、自分たちにプレッシャーをかけようとコミットメントも出しました。外に対して環境面ではこんなことをします、社会ではこんなことをします、ガバナンスは社内の情報交換をきちんとします、多様な人と働きたいと思っています、などを宣言しています。

こうしたことは、海外でも特に欧米で積極的にやっているところが多く、私たちが学べるところ、反対に私たちが外に向けてお伝えできるところもあると思い、国内にとどまらずグローバルな展開を考えています。

今回、こういった機会をいただいて、事前に熊野さんと福岡先生ともお話ししました。新しいビジネスというか、これからのビジネスの在り方みたいなことと、私たちが取り組んでいる発酵や微生物の世界は、どこか似ていると感じています。長年、微生物を研究しているＣＴＯや経営メンバー、会社のスタッフと社内でディスカッションしてみても、私たちがやっていることは、結構、微生物の作用に近いよね、と。利他的だとおっしゃってくださる方もいらっしゃいます。

最後にそのあたりの話をしたいと思います。

一つ目は「美しい循環」について、です。

正直に言いますと、ファーメンステーションはなかなかにたくさんのチャレンジをしています。スタッフも増えてビジネスも大きくなって売り上げが伸びているわけですが、一つ困ったことがでてきました。それは、いろいろな未利用資源が来るようになり、量が増えたことで、ごみゼロを維持するのが難しくなってきているのです。

たとえば、エタノールはお米やリンゴの搾りかす、木も発酵させて作っています。いい香りの、肌触りのいい、びっくりするほどの革命的なエタノールを

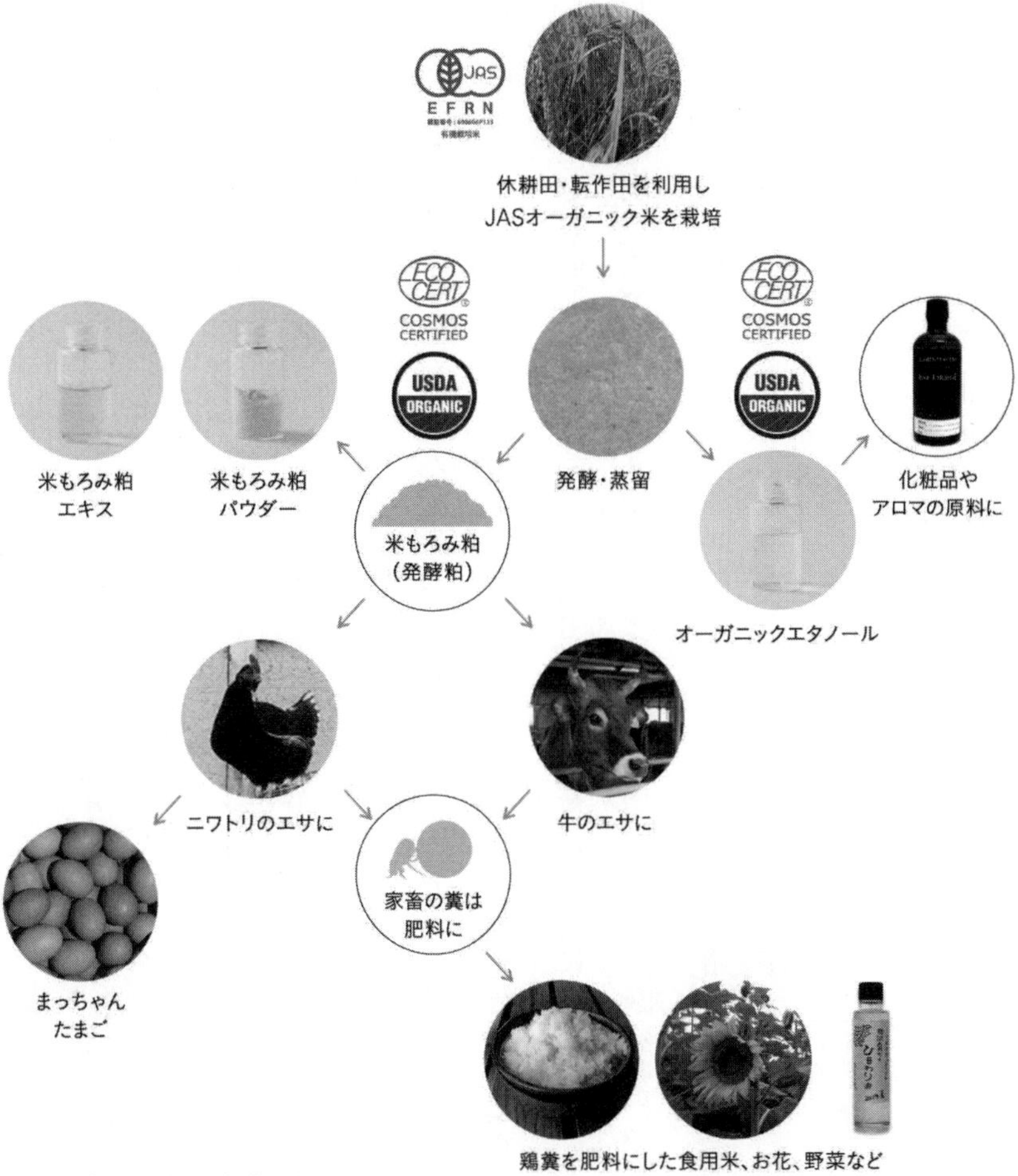

未利用資源に新たな価値を与える、
美しい循環を目指す。

作っています。残った発酵かすは化粧品の原料に使いますが、量も多いので餌にもなります。ごみをゼロにしたいですし、いい餌だと、地元の養鶏農家さんや牛農家さんに使っていただいています。それなのに、発酵かすがどんどん増えるとニワトリの羽数がそこまで多くないので、ここまで要らないということが起きて、大あわてで使ってくださる人を探したりもしています。

また、かりに食品工場から「これでアルコールを作って」っていうお話が来たとします。ものすごくいい話なんです。お金になりそうなんです。けれども、添加物が多く入っていて、私たちの出口の餌としてそのかすを考えたときに適当でない。そのときに葛藤が起きます。やはり美しい循環は非常に大事で、いかに美しい循環を崩さずやるかをポリシーにしているので、泣く泣く断るわけです。

微生物の操作なども同様ですが、「バランスよく全体で最適化する」ことが何かヒントになる、と思っています。ちょっと投げっぱなしですが、そんなことを考えています。

二つ目は、もしかすると利他性に通じるかもしれない話です。

ビジネスをふり返ってみて、美しい循環や地域循環の事業がわりとうまくいっているのは、最初から思っていたわけではなく、お金がないからとか、いたし方なくやったことが結果的にいい方向に向いたのだと感じています。

以前、熊野さんが書かれたものを読んだとき、経営者の時間の使い方として、「すぐにお金にならないかもしれないことに時間を使う。頻繁な出張は合理的でないと指摘されても、長い目で見ると非常に大事」というようなことをおっしゃっていました。私はそういうことを10年ぐらい繰り返していました。

今のファーメンステーションは、外のお金を入れてベンチャーキャピタルを株主にしています。とんでもなくありがたいことなのですが、最初の10年はだいぶ牧歌的でのんびりしていました。何だかわからない原料をずっと触り続けていたり、「楽しいから」と会いに行った人が大勢います。実はそれが今のビジネスにつながっているのです。従来の考え方だと合理的ではないことを続けることこそ、結果的によくなるんじゃないかと感じました。微生物は自身の働きとして、自分はいったんこれを使ってこれを出す、そして、全部をやり切らずに他の微生物にパスを渡していくのです。私たちの原料の使い方や、活用の仕方もそれに近いと思います。

最後は、私がどうしても世の中に伝えたくて始めたメディアについて、です。Mediumというメディアとインスタグラムに加えて、『PUKUPOTA Journal』[4]の発信を始めました。よく私たちは発酵している様子を「ぷくぷくしてるね」と言い、蒸留している様子を「ぽたぽたしてるね」と言います。発酵と蒸留の楽しさを伝えるために『PUKUPOTA Journal』が生まれました。

そのきっかけは、ビジネスをするなかで「世の中にいいから買いたい」と言う人に今まであまり出会っていなかったからです。「これは休耕田で作った米です」と話しても、「ああ、そうですか。で、どう私にいいんですか」と逆に聞かれることがあります。もうそういうものだと思っていましたが、機能だけにとどまらず、その意識というか「うれしいな」と思う気持ちが商品を変えるんじゃないかという考えに至りました。

個人的な経験でいうと、いろいろな未利用資源を活用するなかで、循環の中

4 ファーメンステーションによる、探究型プロジェクトPUKUPUKU POTAPOTAの公式ジャーナル。https://medium.com/pukupota-journal

に自分が取り込まれることの楽しさとか、知らないことを知る喜びを確かに感じて、13年間、本当に毎日幸せな気分で仕事をしています。エタノールを作ったり、化粧品を作っているのに、鶏とか牛にもめちゃめちゃ詳しくなりました。この私の学びをいろいろな人と共有できたら、これまでとは異なる楽しさを感じてもらえるのでは、と考えています。

少しこじつけかもしれませんが、循環の中に自分が入る喜びみたいなものが、微生物の代謝システムの中に自分がいる、みたいなこととすごく近いんじゃないかと考えて、まだまだ試行錯誤中なんですけれどもビジネスに取り組んでいます。

「本当に変わっている」と言われるようなことを続けていますが、仲間をはじめわかってくださる人が増えています。私たちはTransforming our worldができると信じています。

熊野英介
福岡伸一
酒井里奈

第1部【鼎談】

動き、移ろい、流れる世界で

酒井里奈（以下、**酒井**）：私はお二人の話を聞いて、「希望のバトンを受け継ぐぞ」とメモを取り、とても張り切っています。ビジネスをするうえで葛藤も多いので、はじめに質問いたします。

微力ながら本当に世界を動かしたいと願うなかで、新しい時代の息吹を感じるとともにマジョリティになる難しさを感じています。バリュープロデューサーになりたいし、豊かな関係性が価値であると信じる人をどんどん増やしていこうにも、私たちがしていることはまだマイノリティな印象です。どのようにすればもっと普通になるのか、常識になっていくのか。ビジネスと生物の在り方から学べるものはどういったことでしょうか。

熊野英介（以下、**熊野**）：私の肌感覚では、「世の中が変わる」というより「世の中は変わってしまうんだ」、だと思うんです。

地球における生態系サービスが賄える人口は50億人といわれていて、世界人口は約35年前にその数に達しました。２０２１年時点で約80億人ですから、すでに生態系サービスも劣化しはじめているんですよね。地球の本来のキャパシティーを超えてしまっていて、ある意味、われわれは人工的な動きの中で生きていると思います。気候変動しかり、資源枯渇しかり、政治の問題しかりです。お金を出してもインプットが入ってくる時代ではないと全員が気づいたときに、世の中は変わってしまうんだ、という感覚になるわけです。

福岡先生の「生命は機械でなく流れである」という大局的な見地に立つと、

38億年の生物の歴史のなかで、インプットは環境の変化に応じてどんどん変わってきました。生物が新しいインプットを独自で見つけたり、他の生物と影響し合って見つけたり。これからのわれわれには、地球が凍りついた全球凍結や灼熱、温暖化など、環境の変化を通じてつないできた知恵のようなものが必要ではないかと感じています。

酒井：私たちが頑張って、なんとかして変えようと思わなくても、思ったより速いスピードで自然に変わる、と。

熊野：正確にいうと、危機感によって変わってしまうのです。人間は不安を覚えると安心を求めます。正義であるとか、ロジックであるとか、こうでなければならないとか、誰かが企画した安心にわれわれは依存することになります。
　現にわれわれは、製造者が選ばせている多層な自由のなかで安心や自由を謳歌しています。自分では自由だと思っていても、自ら自由をつくりだしているかといわれると、本当は怖いところがあるわけです。

そういう意味で、今後高度な人間社会を築く場合に、われわれが安心を求めて進む方向性が非常に大きな分岐点になります。一つは、自ら安心をつくり出す方法を会得して、どういう状態であっても安心を手に入れられる世界、あるいは、「この世界は安心で自由ですよ」と誰かに安心や自由を提供してもらうメタバース[1]の世界に向かうのか。世の中が変わってしまうときに、人間がどう変わるのかは、われわれの認識と意識次第だと思っています。

酒井：ありがとうございます。きちんとかみしめて考えたいです。福岡先生はいかがでしょうか。

福岡伸一（以下、**福岡**）：酒井さんの発酵のお話、大変興味深く聞かせていただきました。熊野さんの提言も素晴らしいものだと思います。

私の立場からいえることは、人間という生物が地球にとって非常に特殊な生物だともう一度あらためて自省するというか、見直すべきと思うのです。

端的にいうと、地球にとって人間は必要ない存在です。人間にとって地球と

1 インターネット上に構築される仮想の3次元空間。meta（超越した）とuniverse（世界）の合成語。

いう環境は必要ですけれども、人間以外の生物にとって人間は必要とは限らない。ある意味、最強最悪の外来種が人間です。「威張るな人間」というか、これ以上この地球にご迷惑をおかけしてはいけないというのが、今後の行動指針になると私は思っています。

なぜ人間が特殊な生命になったのか、世界をなぜ機械論的に見るようになったのでしょうか。かいつまんで話すと、人間という生物が言葉を生み出して世界をロゴス化していったがゆえに、この地球に負荷をかけたり、地球の支配者のように振る舞ったりしているからです。ここはやはり、自然の在り方や他の生物の在り方から、もっと学ばなければいけないと思います。

まず、人間以外の他の生物はごみを環境に出していません。必ず他の生物が利用できる形でしか物を生み出したり排出したりしませんし、受け渡さないわけです。

もう一つ、人間以外の生物が持っている非常に大事な原則は、あらかじめ壊されることを予定してあらゆるものがつくられているということです。自分自身の体や巣など、さまざまな仕組みはどこからでも壊されるし、いつでも壊れるし、他の生物に手渡せるようになっています。それが、ある種の相補性や利他性を支えています。人間もいろいろなプロダクトをあらかじめ壊せるような形でつくらなければいけないと思うのです。

酒井さんは、「ある原料に添加物が入っていると発酵に供せなくなる」とおっしゃいました。その場のシェルフライフ（品質保持期限）が伸びればいいから添加物を入れたり、おいしそうに見えるから着色料を入れたりするので、長い目で見ると2次利用できなくしているわけですよね。だから、あらゆることがバトンタッチできるように、壊されるようにつくらなければいけないのです。

今、日本中でタワーマンションみたいなものができていて、出来たてはたいそうピカピカでインテリジェントに見えます。でも10年、20年すると、かなり大規模な修繕をしなければなりません。１００年、２００年もつかといえば難しい。１０００年、２０００年も経てばどう考えても廃虚になってしまいます。

しかしながら、誰もそのタワマンを壊せるように造ってはいないわけです。

かたや、生物はあらかじめ壊せるようにあらゆるものをつくっています。あらかじめ壊せるようにものをつくろうとすると、その場の合理性ではコスト高に見えます。けれども長い年月、１００年、１０００年、１万年の生命時間で見ると、あらかじめ壊せるようにつくっておかないと、あるいは他の生物に手渡せるようにつくっておかないと、全体として美しい循環にならないわけです。

エコロジービジネスやソーシャルな考え方、エシカルと呼ばれているような考え方も、何がエコロジカルなのか、何が倫理的なのかを考えたときに、他の生物に手渡せる形でつくる、あらかじめ壊される形でつくることが大切です。自分自身の生命が食う、食われるという関係にあっても、それは支配と被支配ではなくて、ある種の利他性なわけです。近代が行き詰まってきている大きな理由は、そういうところの発想の転換ができていないからだと思います。

熊野：福岡先生、私は製品の生産性や効率性を重視した大量のエコロジー、大量のソサエティグッズというものが果たして社会的、環境的にいいのかが問われると思うんです。たとえば、生分解性のプラスチックを大量に利用していたとして、それははたしてエコロジカルなのか、と。

先生がおっしゃった、「生物というのは小さく壊れていっている」「大きく壊れる前に小さく壊れている」というのは、エントロピー[2]に襲われないように生物が自ら代謝しながらリセットを続け、多様に継続的に進化しているんだ、と理解しています。

今、われわれは、生産性や効率性を重視した経済のなかで、自ら小さく壊せるのかどうかが問われていると思います。エコロジカルで環境にいいものをつくったとしても、自分で壊していけない——こうした社会にヒントはございますか。

福岡：なかなか難しいのですけれども、以前、「法隆寺と伊勢神宮を比べたら、どちらがより生命的ですか」と質問されたことがありました。

伊勢神宮は20年に1回造り替えるから、どんどん変わっているように見えます。けれども、私は伊勢神宮よりも法隆寺のほうが生命的だと思っています。なぜかというと伊勢神宮は20年に1回、全取っ換えをしているからです。全取

2 熱力学において物質の状態を表す量の一つ。文中では「乱雑さ」という意味で使用している。

っ換えをするためには必ず設計図が要りますし、ある種の中央集権的な外部からの視点も必要になります。

一方、法隆寺は世界最古の木造建築物といわれているけれども、建立当時の建材として残っているものはほとんどありません。常にちょっとずつ造り替えているわけです。ちょっとずつ造り変えると、部分部分に相補性を保ちながら更新できる利点があります。より生命原理にかなった、あらかじめ壊されること、関係性が小さなレベルで保たれていながら変えられることにより、法隆寺型は持続可能であると感じられるのです。

熊野：ありがとうございます。法隆寺型は相補性のなかにおいてすべてを自己組織化するということですね。相補性が存在していれば、大は宇宙から地球から、小はわれわれの体のネットワークまでを自己組織化する駆動力になる、ということなのでしょうか。

福岡：そう思います。自己組織化は別に中央集権的な仕組みがなくても、分散的にあるローカルな関係性によって全体が組み立てられています。それを表す言葉として、もう一つ私が思い出す言葉は、「創発」です。最初の漢字は「創る」という字で、これには「傷」の意味もあります。それが発展すると書くのが「創発」であって、英語にもemergenceという言葉があります。

個々の要素だけを見ていたらわからないけれども、要素が集合すると途端に全体として新しい性質が現れることが創発性です。それは自己組織化でもあり、生命現象はあらゆる意味で創発性の塊なわけです。

創発性はいろいろなところに見て取れます。個々の神経細胞は単なる一個一個の細胞なのに、それが集合すると脳というシステムが創発的に立ち上がって、意識が生まれたり、さまざまな行為が実現するようになります。要素を見ているだけではわからないけれども、全体が組み上がると新しい状態になります。

そうしたことがなぜ可能かというと、機械みたいに一つの部品に一つの機能を限定してプリントの基盤に差し込まれているわけではないからです。一つの要素に一つの機能が担われているのではなくて、その前後左右上下の要素と組み合わさったときに初めて新しい機能を帯びるからです。そういう連鎖がつながっているから全体として新しい状態になるわけです。

機械論的にこの世界を見ると、ある要素があり、そこに一つの機能が限局されています。改良するには、その要素を新しいものに取り替えれば、もっと効率よく動くのではないかと考えて、遺伝子組換えみたいなことが行われたりしますけれども、創発的なシステム、あるいは自己組織化のシステムは全体として意味があるので、部分を入れ替えると全体を損ねてしまうことのほうが多いわけです。

そういう意味で、この世界を機械論的に見るのではなくて、自己組織化的なものとして環境を捉えなければいけないし、微細な相互作用によって常に創発的なものが生まれる、と捉えていかないといけないのです。

発酵もまさにそうで、人間にとってよいものが発酵で、人間にとってよくないのが腐敗とされていますけれども、発酵は実は中途半端にしか行われません。完全に進んでしまうと、アルコールはすべて水と二酸化炭素になってしまい、途中で止めているから他の生物が使えるわけです。

あるいは、米麹菌みたいに、米のでんぷんはそのままではなかなか他者が使えないので、麹がでんぷんをブドウ糖に分解して、酵母に手渡して初めて発酵が起きます。常に中途半端で止めて他者に渡す、これが自己組織化の微細なところで行われているある種の相補性であって、それが組み合わさって全体として大きなものになっていきます。自然がずっと行ってきた当たり前のことなのですけれども、人間はそれを忘れてメカニズムとして世界を捉え過ぎています。アルゴリズム[3]として世界を捉え過ぎていると思いますね。

私はＡＩやデータサイエンス、メタバースなど、ロゴス化の進み過ぎに危惧を感じています。また、生命体とＡＩが合体して不老不死になるみたいな考え方もありますが、老化は病気でも害毒でもなくて、ある種のやはり利他的な行為です。死は最大の利他性と私は思います。自分のニッチ（生態的な地位）を誰かに手渡すことなので。そういうふうに発酵的に世界を捉えるのは、とても大事ではないかなと思います。

熊野：生物の利他性について楽屋で話していて印象的だったのは、「生物は自分

3　ある特定の問題を解いたり、課題を解決したりするための手順・計算方法。

の世界をつくるために１００のアウトプットで止めなくて、１１０を出していく」という話です。常に多く生み出すのだと、福岡先生は説明されていました。世界を要素還元するのではなくて、最善を尽くして１００以上を出すことで、自分が思っていたような世界を超えていくわけですよね。そして、その超えた社会に自分が適応していくことで世の中が回る、と。したがって死は利他的であるというお話をされていました。酒井さん、発酵の技術で応用されていますか。

酒井：もう、まさにという感じでした。たとえば、麹菌はでんぷんをブドウ糖に分解するという機能のほかに、おまけの働きも数えきれません。もともとの役割ではなくても、いい香りを出すとか、タンパク質を分解してくれたりします。期待するメインの働きは糖に変えるという機能であっても、頼んでもいないのに他のこともしてくれるおもしろさがあります。

お話を伺っていて、技術の在り方にも著しいヒントがあるなと思いました。技術というと、すごいテクノロジーとか、私たちの場合は「それは特許を取っていますか」「新しい菌ですか」「遺伝子組み換えの菌ですか」などといわれるんですけれども、そうではなくて、もともとある豊富な技術を組み合わせることで、今までなかったものができるところも微生物の働きに近いと思います。

組織の在り方も、管理の人、営業の人、何とかの人と見るのではなくて、複合することでできあがった全容に意味があるというふうに思います。期待以上のことを少しおまけでやってくれる人が集結している、そういった組織であればいいなと思ったりしました。

熊野：もう一つ楽屋で、生物の利他性は物質と時間が有限だから生まれた、制約条件があるゆえに生物は利他的に進化した、とのお話もありました。今後、地球の有限性を小学生の頃から知る時代になったときに、小学生が世の中はどう移ろっていくのか想像を膨らませていくと先生は思いますか。

福岡：そうですね。少年少女の時代から、世界の在り方というか振る舞い方に気がつくことは大事だと思います。私も人生にとって大事なことはすべて昆虫から学んだといえるぐらい、生態系のことは昆虫の生き方を見ているとよくわかります。

生物の利他性はなにも、１００しかないところから強制的に10を寄付してくださいと要求するわけではないのです。どのような生物も、環境の要因やある種のタイミング、さまざまな偶然によって１１０を生産できたり、１２０を生産できたりする瞬間があるのです。

端的な例が植物の光合成です。植物が光合成して自分の分しか有機物をつくらなければ、他の生物が生育する進化のチャンスはゼロでした。ところが、植物はある種の過剰さを持って光合成を行ない、惜しげもなくその余剰を他の昆虫に与えたり、鳥に与えたり、動物に与えたりしたことで他の生物が進化できたわけです。１００を１１０や１２０にする瞬間は、そのときどきでさまざまな生物に巡ってきます。そのとき10や20の過剰を蓄積せずに、他者に手渡すのが利他性ですよね。

もちろん、すべての個体がいつも利他をしているわけではなくて、１２０を生産できた個体が90しか生産できないケースも出てきます。そういうときは誰かが、仲間とか血縁関係にあるわけでもない他者が10の余剰を回してくれたりします。リニアな関係性ではなくて、ある種、クモの巣状に関係性が結ばれているがゆえに、常にやりとりがあるのです。

生物の利他性に比べると、人間のみセルフが肥大し過ぎて、過剰に生産したらそれは自分のものだと蓄積、貯蓄するようになってしまいました。とりわけ、物質ではなくフィクション（虚構）として、いわゆるお金や数字、金融資産みたいなものを蓄積するようになって隘路《あいろ》に入ってしまっているのが人間だなと思います。

熊野：ありがとうございます。その隘路から脱出するタイミングが、今、来ていると感じています。持続可能経済協会の有志連合は、無形で蓄積できない、常に変わり続ける関係性という余剰を共有してきました。自らの関係性を内に封じ込めるのではなくて、その大小にかかわらず関係が関係をつくってつながるように、われわれはバトンを受け渡してきました。その関係性のインプットが、自らの価値観や組織のあり方を変える可能性を持ち始めているのではないか、と。この5年間は、ある意味そのための実験でもありました。

ただ、ここで問題となるのは、酒井さんも一生懸命に関係を築いてきたけれども、そこには収益性がないとか、もっと集中して仕事しなさいとかいわれることです。工業社会において機械を買えばバランスシートの資産に載りますが、関係性に費やされた時間とお金はすべて流動負債となって収益を圧迫してしまうのです。

とはいえ、おたがいの価値観やビジョンを理解できるようになると、関係性によって仕事上の説明を省けたりするのでトランジション[4]コストが下がります。つまり、細かな交渉や調整に要する取引コストが下がるわけです。こうして収益性が上がることに、われわれは気づきだしています。

生物的に見て、自ら余剰を出しながら、どこかの閾値《いきち》を超えたときに、一気に繁殖しやすい世界ができるといったことはあるのでしょうか。

福岡：そうですね。生物にとって、細胞にとっての役割は融通無碍《ゆうずうむげ》[5]というか動的なものなんですね。先ほど酒井さんがおっしゃったように、人間社会って会

---

4 移行、転換。

5 考え方や行動にとらわれるところがなく、自由であること。

社でも人事部とか、総務とか、経理とか、えらく仕事が分化しているというか、役割分担をしています。専門性を持つことが可能でも、逆にある種の固定も生んでしまっています。

細胞は、実は役割分担を最初から決めていません。多細胞生物は受精卵が二つになり、四つになり、八つになり分裂していって、10回分裂すると1024個の細胞の塊になります。ただ、その段階でもほとんどの細胞は、まだ何にでもなり得るけれども、何にもなれない、ある種の万能細胞として待機しているのです。そして、ある段階で細胞同士がコミュニケーションして、「君が血管の細胞になるなら、僕は皮膚の細胞になる」「あなたが神経の細胞になるなら、私は骨の細胞になる」というふうに、相補的に役割を分担して多細胞化が始まるのです。あらかじめDNAによって司令されていたものではなくて、その場その場でローカルな関係性によって決められていくわけです。

ですから、受精卵が分裂し、1000個ぐらいの細胞になったときに細胞をばらばらにして個々の細胞に分けてしまうことが実験的にできます。、しかしそのとき、酸素や栄養を与えて生育条件を保っていても、そのうち細胞はすべて死んでしまいます。なぜかというと、自分の役割を決められなくなるから。隣の細胞とコミュニケーションできなくなって孤独死してしまうのです。常に相補的なコミュニケーションが必要であり、相補性はあらかじめ決められたものではなくて、できるだけ流動性を持った組織の存在が欠かせません。これがなかなか人間の会社組織や学校組織にはなじみにくいのですけれども、どこかでそういうふうに発想を転換していかないと、生命体のような持続可能性のある組織にはなり得ないと思います。

熊野：経営をしていたら非常に刺さるお話ですね。

私は社員と「自然はすべて流動費で動いている。固定費は持っていない」「固定費を持っているのは道具を作ったり家を建てたりする人間ぐらいで、ほとんどの生物は関係性のなかで流動費化している」と話します。

工業社会が250年間続くなかで、学校や行政など多様な組織が要素還元主義のメカニズムになってしまい「生っぽくない」と思います。そこでふたたび、落語の世界の都々逸《どどいつ》を覚えたり、芸事をやったり、天気がよかったらみんなで集まって桜を見に行ったり、地域の関係性の中で過ごすように、人々も産業形態も変化してはどうでしょうか。むしろ、関係性を重んじる産業形態に移行しなければ、インプットが限定された制約条件下の社会は突破できないという印象を受けました。すべてがすべてに関係し合いながら、変化がさらなる変化を生み、一件一件の商品に個性が出てくるというような社会のイメージといいましょうか。酒井さんはどう思われますか。

酒井：そうですね。ビジネスの在り方も含めて、細胞が役割を決めてないことに本当に驚きました。しかも、役割をどうやって決めるかは、リーダーがいるわけではなく相談して決めるのですよね。すごいフラットな組織だなと思います。同じような立場の人たちが、「自分はこっちをするけど、どちらにする」みたいなコミュニケーションで自分の役割を決める、ばらばらになったときに孤死するというのは、もう学びが大き過ぎて、そこからまだ抜けられていないです。

うちの会社の場合は、スタートアップのベンチャー企業で人数が少なく、やらなければならないことは多いです。それぞれに役割を振っていられない事情があり、全員で総取り戦みたいな感じですけれども、それでもいいのかなと考えました。すみません、話を少し戻してしまいました……。

福岡：それはまさに生命的な組織の在り方です。細胞は役割を固定せずに、あらゆる細胞があらゆるものになり得るっていう状態を保って多細胞化していきます。ある段階を経たときに細胞は固定化されて専門化していき、他方で必ず何にでもなり得る細胞が残っています。その細胞が傷を治したり、ある種の再生現象に携わったり、細胞自体の代謝を支えているわけです。常に遊軍というか、何にでもなり得る余剰を保持している組織がより生命的であって、その余剰の上に遊びというか文化も成り立つわけです。

それから、熊野さんのご質問にお答えすると、生物はあらゆるものが流動しているフローの中にあります。それはなぜかというと資源が有限だからです。地球の炭素原子の総量は何億年も前から基本的にはあまり変わっていません。

それを絶えず回しているから、生物が結節点でなんとかそれぞれの生命をつくっているのですけれども、常にアミノ酸の形で、あるいは糖の形で回さないと炭素循環は回らないわけですよね。

二酸化炭素についても、ゼロカーボンや脱炭素社会などといわれていますが、生物学者から見るとおかしなことです。われわれは炭素でできている生物なので、ゼロカーボンにできないし、脱炭素もできないのです。二酸化炭素は毒でもないしごみでもありません。二酸化炭素は循環の一形態であって、それが絶えず手渡されてさえいればまったく問題なくなります。二酸化炭素はあらゆる生物が呼吸した結果、大気中に放出されて、それを植物が太陽のエネルギーを使って二酸化炭素から酸素を引き剥がし、炭素をつなぎ合わせて有機物に変えます。循環していればまるで問題ないわけです。

二酸化炭素が増えてきている原因は、生物がつくりだした炭素の塊（化石燃料）を人間が地下から掘って、どんどん燃やしてしまっているのと、熱帯雨林の開発などにより植物を減らしているからです。炭素循環のインとアウトが乱れて二酸化炭素が増えてきているというフローの滞りにすぎないわけですが、二酸化炭素が悪者になってしまっています。悪しき要素還元主義で、個々の物質が悪いのではなくてフローが悪い。ストックからフローへという考え方をあらゆるところに持っていかないといけないと私は思っています。

熊野：せっかくなので会場からのご質問やご意見もお受けしましょう。

司会者：もしよろしければ安田登先生（182ページ）、ぜひ少しお話しいただけたら。

安田：はい。非常におもしろいですね。のちほど登壇する私の話と重なってしまう部分もあるのですが、実は、なぜ「能」が650年も続いたかに触れさせてください。たぶん1000年ぐらい続く、というお話です。

今おっしゃった、「何にでもなり得る」の話でいうと、能楽師はすべてのものを勉強します。つまり、何にでもなり得る人なのです。後ろに座っている後見[6]という人は、演者の誰かが倒れた場合にすぐ代わります。フラットという話も

---

6 能・狂言で舞台の進行を監督する役。

ありましたが、フラットにしようとすると、低いところに合わせないといけません。全員が全員で一生懸命やっていながら、そのとき一番パワーのある人に引っ張られていく。しかも、その引っ張る人はテンポラリーに変わっていきます。今はこの人、今はこの人と、絶えず変化していくわけです。

ヒエラルキー的な形としては今、日本能楽協会という組織がありますけれども、できたのはつい最近です。能の650年の歴史のなかでトップはある意味でいないのです。

誰もが誰にでもなれるという形を内在していたのは、なるほど、これは今日まで気がつかなかったのですけれども、これも能が残った一つの理由かなと思いました。

福岡：とても生命的なお話ですね。

司会者：その他いかがでしょうか。会場から何かご質問やコメントがございましたら。

鈴木：小田原からまいりました鈴木です（202ページ）。

細胞同士がコミュニケーションを取って役割を決めていき、全体的にうまくいくお話を聞いて、私も衝撃といいますか、すごいなと思いました。

そして少し気になったのは、ときどき変なやつが出てくるのでは、ということです。たとえば、がん細胞が出てきてなんらかの形で組織を駄目にしてしまうことを考えると、今のこの世の中、国によっては変な人が出てきて、国がおかしくなることがあり得ると思いますし、会社もそうだと思うのです。生物学的にいうと、今の生物の在り方からすると、がん細胞はどのように解釈したらよろしいんでしょうか。

福岡：非常におもしろいご質問ですね。多細胞生物における細胞は、基本的には前後左右上下の細胞とコミュニケーションしながら、何にでもなり得るDNAを持っていながら、たがいに相談しながら役割を分担しています。そういう意味では利他的な存在で、たとえば、シャーレの中で細胞を培養すると細胞は端っこに行くと増殖を止めます。それから、他の細胞と接触すると増殖を止めます。つまり、自分の分際を分かっていて、それ以上は増えないわけです。ところが、がん細胞はシャーレの中で育てると他の細胞の上に重なって増えていきますし、端っこに行っても増殖を止めません。遺伝子のコントロールが狂ってしまっているのです。つまり、利他性を忘れて利己的に振る舞っている細胞が、がん細胞といえます。

司会者：ふたたび、お三方の話に戻しましょう。

熊野：安田先生の能の話と同じく、祇園祭も実は主役がいないそうです。おのおのの役割や誰が何をしているかを知っているだけで、仕切る人はいないといわれています。そのあたりに、制約条件下で楽しく生きる知恵みたいなものがある気がします。

日本は明治維新によって近代国家へと変化を遂げたものの、「市民」という概念がないまま国家が先に誕生したことで全体主義を経験しました。神を内在化して市民革命を起こした西洋になれず、かといって、長い中央集権の時代を構築した東洋にもなれていません。韓半島の人々や中国は「天」という合理を選びましたが、日本は「自然」という論理を選びました。日本は島国であり、火山国であり、地震国であり、台風が来て天変地異の多い国だったからです。

長きにわたって自然と対峙しながら知恵を得てきたにもかかわらず、明治以降の150年近くの間に、ちょっと勘違い国になってしまったのではないでしょうか。そこで、もう一度自然の論理に立ち返れるかどうかがカギになる気がしています。

福岡先生は日本と海外を行ったり来たりしながら、日本を遠目で見る機会がたくさんあると思います。どういう思い込みから脱出すればおもしろくなるかなど、何かお考えはございますか。

福岡：やはり、「日本人とは何か」を考え直さないといけないなと思うのです。日本人は均質な民族だと信じられがちですが、実は異質な民族の集合体で、ある種、多細胞生物的な存在です。大陸の周縁にあって、ご指摘のように地震も起きるし、台風も来るし、さまざまな自然災害にさいなまれています。日本にやってきた人は、アフリカから出発した人類が各地で闘争に敗れて逃げてきたのであって、その逃げてきた人が初めてやってきたのは旧石器時代で、新石器時代にも来たし、縄文時代にも来たし、弥生時代にも来たというように、絶えず敗者の集まりとして、日本というのはある種のレイヤーとして成り立っているわけですよね。そこに、やはり日本のポテンシャルがあるわけなので、日本人を均質なものだと考え過ぎないことです。

それからもう一つは、日本人は日本語に守られていて、あらゆる西洋文明の知識が日本語で学べてしまうことです。われわれは江戸時代の終わりぐらいから明治にかけて、外国の知識を吸収して日本語化することによって、あらゆることを日本語で学べるようになりました。たとえば、細胞や遺伝子や染色体など、そういう言葉で世界を知ったつもりでいますよね。でも、見直さないといけないと思うのです。

われわれはあらゆることを日本語で学んでいるので、外国でいざ会話するとなると、たとえば、平行四辺形を英語でパラレログラムとすぐにいえないわけです。いろいろなことを日本語に守られ過ぎていて閉鎖的になっています。ある種の相補性というのは、日本の中だけではなくて、いつでも世界に開かなければならないものである以上、日本語での知の在り方も、開かなければならないと痛感しています。

熊野：酒井さんも海外から日本を見られてどうですか。

酒井：日本の人は、「日本は」「日本って」など頻繁にいうと思います。けれども、本当に当たり前ですが、「日本らしさ」の範囲は広いなと思いますし、菌の世界にしてもそうです。麹菌は日本で発展して大事に育った菌なので活用しますが、やはり大きく広く見ていかないと生き延びられないと常に思います。

言葉も課題だと感じます。言葉からしかニュースや新しい情報が入ってこないので、本当に限られたことだけしか知らなくなります。しかも、英語だけだとまたたぶん限られていて、そうではない世の中があることを知りながら、何か日本らしい展開ができたらと思っています。

熊野：今、われわれは情報の海の中に放り込まれているようですよね。インターネットが発達して、調べようと思えばどこまでも情報を探せる世界に生きています。では、自分たちが価値をつくれるかというと、SNS上で意見をいうと反論は出てきますが、結局、かくかくしかじかだという状況判断の意見がわんさか出てくるだけで本質を掘り下げていません。幼い福岡少年がチョウの鱗粉から宇宙を見たみたいな深掘りがないのです。

われわれ事業家は価値を提供しなければならないのに、社会の情報分析ばかりして、ニッチといいながらも全然挑戦しなくなりました。挑戦するとなると「それはもうかるんですか」「成功事例はあるのですか」と寄ってたかって聞かれる始末です。「失敗はしたくない」「敗者にはなりたくない」と、誰もが足踏みをしています。そのようななかで新しい価値を生むにはどうしたらいいかをお二人にお聞きしたいです。

酒井：「楽しさがいろいろなものを乗り超える」と思います。私はまったく異なる分野から発酵の分野に入って、気がつくと発酵して「ぷくぷくしている」のを見るのが生きがいになりました。だから、どんどん知りたくなるわけです。岩手の工場を訪れるのが楽しみで、発酵好きが高じて東京のオフィスにも発酵の営業許可を取りました。多くの人を連れてきて実際に見ていただいて、「うわっ」て思ってもらっています。

ごみだったものがごみではなくなる様子や変身を見ると、「これって何なんですか」「微生物です」「それってどういう作用なんですか」「なんとかです」という、そんな好奇心や楽しさで人生が豊かになると思うのです。発酵をひたすら繰り返していくと、表面的なことでは追い切れないあまたの事実が出てきます。知らないことを知り、またそれが「楽しい」となるのがいいなと思っています。

熊野：ありがとうございます。福岡先生もぜひ教えてください。

福岡：私は最初、みなさんにチョウチョのスライドをお見せして、それを「センス・オブ・ワンダー」といいました。このセンス・オブ・ワンダーというのは、レイチェル・カーソン[7]の言葉で「驚く感性」です。あるいは「自然に対する畏敬の念」ともいえると思います。

熊野さんが話されていたルネ・デカルトは、「我思う、ゆえに我あり」の言葉を残しました。実はその「思う」あるいは「知る」よりも先に、「驚く」あるいは「感じる」が先行していると思うのです。自然に対する驚き、あるいはなんらかの形や様式に対する美的な感覚。それが出発点となって物事を知ったり、思ったり、考えたり、工夫したりすることが始まっていくと思うのです。

センス・オブ・ワンダーは誰もが少年少女時代に体験しているものです。けれども、多くは忘れてしまっているのです。自分の原点はどこにあるのか、自分のセンス・オブ・ワンダーがどこにあるのかをもう一度思い出して、自分の時間軸をつくり直していくことが出発点になるのではと思います。

熊野：ありがとうございます。センス・オブ・ワンダーの話のときに、昆虫の完全変態の話がありました。どろどろに溶けてから新しいものをつくるというものですね。

---

7 ［1907〜1964］アメリカ・ペンシルベニア州スプリングデール生まれ。海洋生物学者、作家。農薬の危険性を警告した『沈黙の春』は、自然保護や環境保全の先駆けとして世界的反響を呼んだ。

今われわれは、人類史上初めての長寿の時代とか、資源枯渇の時代とか、多様な「初めて」を抱える時代を生きています。それは、次に何ができるかという楽しみであり、同時に不安でもあります。一方で、現代の人は驚くことが少ない気もするのです。特に日本の子どもたちは「危ないところに行くな」「野原でケガでもしたらどうする」などと周りの大人に管理されていて、驚く機会が乏しい。われわれ大人たちが次世代に社会を渡すとき、何をキーワードにしたらいいのかといつも思います。私は事業家の立場から、「そんなことができたんだ」という希望の具現化が、私にできる範囲のなかで一番大事なことだと考えています。

最後に。人を驚かすには何がポイントになるかをお聞きして鼎談の幕を下ろします。

酒井：驚いてもらいたいですね。福岡先生がおっしゃった、「驚くこと・感じること」が、「知ること・学ぶこと」よりも先にあるという言葉が、すごい大きなキーワードだと思います。ついつい私は、「伝える・知ってもらう・学んでいただく」みたいな言い方をしているのですが、実のところ、「うわー・おもしろい・楽しい」がきっかけだったりしますので、もっとここにフォーカスすべきと、よりいっそう思いました。

一方で、驚くところやおもしろいと感じるポイントは、人によって違うとも感じています。いろいろなものを見せて「発酵は楽しいでしょう」というと、みなさん「おもしろいですね」と。でも、「おもしろがっている酒井さんを見るほうがおもしろいです」といわれることもあったりして、ああ、そこじゃないのに……と思ったりもします。

福岡先生は学生さんやお子さん、幅広い層の人とやりとりしていらっしゃいます。気持ちが動いていそうな、人生の何かが変わったような、きっかけとなるような瞬間をきっとたくさんつくっていらっしゃると思います。それをぜひ伺ってみたいです。

福岡：ことわざに「馬を水辺に連れていくことはできても、馬に水を飲ませることはできない」というのがあるそうです。つまり、何を楽しいと思うか、何を驚くか、何を美しいと思うかは教えることはできないのですよね。そのそばまでは連れていけても、おもしろいと感じたり、美しいと思ったり、驚いたりすることは教えられず、その本人が見出すしかないわけです。発酵も注意深く見るとワンダーの宝庫で、カビもすごくきれいで、不思議なことが数えきれないほどありますよね。でも、それは子どもが、あるいは大人が、それを見て気がつかないと体得できない、感得できないものです。

この自然は絶え間なく動いているし、移ろっているし、流れています。そのなかで驚きを知る瞬間はどういうときかといえば、昆虫少年だった頃の体験を振り返ると、動いているものに対して自分の動きを止める、ということです。そして、何かを見つめる、耳をすませる、思いをはせるなど、動的な世界に対して自分が動きを止めたときに、初めて自然の動きがわかるように思います。そしてそれは、その人が自分で気がつかないと発見できないことだと思います。大人ができることは水辺に誘い出すところまで。水を飲むかどうかは本人が決めなければいけないと思います。

第2部【基調講演】 安田 登

やすだ・のぼる／持続可能経済協会アドバイザー。下掛宝生流能楽師。1956年千葉県銚子市生まれ。能のメソッドを使った作品の創作、演出、出演も行う。日本と中国の古典に描かれた〝身体性〟を読み直す試みも長年継続している。著書に『異界を旅する能 ―ワキという存在』『身体感覚で「芭蕉」を読みなおす。』ほか多数。

能から考える持続可能性

今日は能から考える持続可能性の話をいたします。ひとことでいえば、「なぜ能が650年も続いたのか」です。

能は今から650年ほど前、南北朝の時代に観阿弥《かんあみ》・世阿弥《ぜあみ》父子によって大成されました。それ以前から能はあったようですが、文献としては検証できません。

ところでみなさんは能をご覧になったことはありますか。10回以上ご覧になった方はいらっしゃいますでしょうか。（会場を見回して）お一人、お二人、3人、

4人……。4名ですね。多いほうです。ありがとうございます。

日本人に「能はどんなものだと思う」と聞くと、「つまらなそう」とおっしゃる方が多い。私は、これがすごいと思うのです。面白いものが長いあいだ続くのは当たり前です。ところが能は「つまらない」と思われていながら、こんなに長いあいだ続いている。その理由や仕組みを考えてみたいと思います。

さて、その前にお話をしておきたいのは、能は「つまらないけれども長く続いた」ではなく、「つまらないからこそ長く続いた」のだということです。

面白いものは飽きられます。面白いものはやがて「もっと面白いものを」と言われるようになり、それに応える。すると、また「もっと」と言われる。その「もっと」への対応には限度があります。それに応えることができなくなったとき、飽きられてしまい、やがて捨てられ、新たなものに乗り移られてしまいます。

それが「消費」です。消費は英語でコンシューム（consume）ですね。consumeの語源を調べるとdestroy（破壊する）なのです。「Destroy into pieces＝ばらばらにして壊してしまう」です。

能は、面白くないからこそ消費されない。目の前の評価よりも、ずっと先のことを見通す、それが能が続いてきた理由の根本です。

私は今66歳ですが、35歳ぐらいのときに鼓《つづみ》の革を買いました。そのとき言われたのは、「この鼓の革は今は音が鳴りません。毎日打って50年経つと鳴るようになります。その代わり一回鳴ったら650年はもちます」と。気が長いでしょう。そして、650年後に革はだめになるかも知れませんが、鼓の胴はまだ残ります。そのように600年、700年、800年も先のことを考えて作られている楽器があるのです。

稽古もそうです。子どもの稽古では、子どものうちにうまくさせないことを最も大事にしています。子どものうちにうまくさせると、「子どもの役者」として消費されてしまうのです。そうすると大人になってから大したことがなくなってしまう。能では役者はみなさんおよそ80歳、90歳過ぎまでやっていますから、生きている限り現役なのです。70歳、80歳になって能がうまくなるような稽古をするのです。

ではどのような稽古をするのか、世阿弥の書いたものにマニュアルはありません。一人ひとりが、ふとし出したこと、その子が思わずしてみたこと、そこにその子の素晴らしい点があるから、「それを探し出しなさい」というのが世阿弥の教えです。

さて、ではこれから三つのことをお話しできたらと思います。一つは「長寿芸能としての能」、二つめは「自律性の芸能としての能」、三つめは「個を超える」という話です。

能は650年の長い間、一度も途切れず続いてきました。庇護されていたからではないか、という人もいますが、そんなことはありません。特に一番大変だったのは江戸から明治になったときです。能は、江戸時代は幕府の式楽《しきがく》[1]でした。国家の芸能であり、能楽師は今でいう国家公務員でした。その国家（江戸幕府）がなくなったのが明治時代でした。能以外にも幸若舞《こうわかまい》、平曲《へいきょく》が式楽でしたが、この二つはいまはほとんど残っていません。また、明治維新以外にも、能は何度となく消滅の危機を迎えました。それでも続いてきました。それはな

1 儀式に用いる音楽や舞踊。

ぜかをこれからお話しするために二つのキーワード、「伝統」と「初心」を挙げたいと思います。

その前に、ここでもう一つ前提のお話をしておきますと、この二つのキーワードをそのまま受け取ってはいけないということです。これは世阿弥の方法を私がキーワード化したものですが、このように「誰かが言った言葉」は、「もうすでに誰かが言った」ことですから古い。いってしまえば滓《かす》です。芭蕉はそれを「古人の涎《よだれ》」と言いました。古人の涎を嘗《な》めるようなまねはするなと。私たちがすべきことは、それを後生大事に持つことではないし、そこから何かを考えてはいけないということです。

孔子は「往を告げて来を知る」と説きました。言われたことを聞く、先生からの一方向の教え、これが往来の「往」です。そして、それをもとにして自分なりのものを考える、これが「来」。それをして初めて意味がある、と。「ああ、そうか、伝統と初心が大事なんだ」とわかった瞬間に、それは滓になるので注意をしてください。ただし、その滓は思考のための大きなヒントになります。

ですから、今日のお話は忘れて結構です。むしろ覚えていると害になる可能性も……。そこから、何が自分のなかから生み出されたのかが大事になります。

前置きが長くなりました。

さて、能が650年続いた秘密というときに「伝統」と「初心」と聞いて、正直、がっかりしませんでしたか。「そんなの知ってるよ」と。しかし、これはおそらくみなさんが考えている伝統と初心とは少し違います。

まず「伝統」とは何か。ひと言でいうと「天才に依存しないシステム」です。世阿弥が亡くなったすぐあとの時代には応仁の乱がありました。最近でも太平洋戦争がありました。ぜんぜん最近ではないですが、能楽師の「最近」はだいたい江戸以降のことですから（笑）。戦争では多くの人が亡くなりました。そのとき、もし天才に依存していたら能はなくなっていました。天才に依存しないからこそ、能は続いてきました。

世阿弥は「陰陽《いんよう》の和《か》する所の堺を、成就とは知るべし」と言っています。「陰陽の和する所の堺」というのは、陰と陽をプラスしてゼロにすることです。陰と陽はご存知ですね。夜が陰ならば昼は陽。雨や曇りが陰ならば晴れは陽。マイナスが陰ならばプラスは陽。そのように世界を陰と陽で考えていこうというのが陰陽論です。能の中にはさまざまな陰陽があります。

ひとつの例でお話しします。能は明治になるまで野外で演じられていました。陽の時間である昼間や天気のいい日に演じると、お客さんは「陽」の気持ちで来ます。そういうときは「陰で演じなさい」「ちょっと静かめに演じなさい」と。逆に夜、それも曇っていたり、雨が降っていたりするとお客さんは「陰」の気持ちで来る。だからそういうときは「陽で演じなさい」と言います。

これは簡単そうですが、案外難しいのです。

昔、テレビでこんな実験を見ました。落語家の人に噺《はなし》をさせるのです。お客さんは全員サクラです。サクラは、「どんなにおもしろいことがあっても笑ってはいけない」と指示されています。仕組まれている何人かがときどき、落語家が話していると首をかしげます。

すると落語家は緊張して、間は短くなるわ調子がくるうわで、話はだんだんつまらなくなります。お客さんが「陰」の状態のときに、「陽」で話すことは、それこそ天才でなければできません。

ところが能には、それが仕組み、すなわちシステムとして組み込まれています。能では四つの楽器を使います。笛、太鼓、そして二つの鼓です。鼓には「小鼓《こつづみ》」と「大鼓《おおつづみ》」があり、この二つの鼓はよく鳴る湿度がまったく違います。「小鼓」は湿気を好みます。能をご覧になった方は、小鼓を演奏する人が鼓に唾をつける仕草を見たことがあると思います。それに対して「大鼓」は乾燥を好みます。大鼓を演奏する人は公演の2時間ぐらい前に楽屋に入って、火鉢で火を熾《おこ》してかんかんに乾燥させます。能の楽器にとって一番いい湿度というのは存在しないのです。

そして、小鼓はおもに偶数拍を打ち、大鼓は奇数拍を打ちます。すると何が生じるのか。みなさんのお手を拝借してよろしいでしょうか。

まず、手拍子で奇数拍のみ打ってみましょう（＊丸印の数字が手拍子）。

せーの、①、2、③、4、⑤、6、⑦、8……。

はい。すでに何人かの方が、もみ手のようにして打っていらっしゃいます(笑)。これは日本人の宴会リズムです。昔、1960~70年代に海外から来たミュージシャンが、「日本人は手拍子を頭打ちするので、どんどん音《リズム》が遅くなってしまう、やりにくい」と話したことがあります。奇数拍を打つと音はゆっくりになるのです。

次は、手拍子で偶数拍のみ打ってみましょう(*丸印の数字が手拍子)。

せーの、1、②、3、④、5、⑥、7、⑧……。

するとどうでしょう。音《リズム》が速くなっていくのがわかると思います。偶数拍を打つと音は速くなるのです。

もう一度、復習しましょう。

天気がよくてお客さんが「陽」で来ているときは、乾燥しているときによく鳴る「大鼓」の音がよく聞こえる。そして大鼓は奇数拍をおもに受け持ちますから、音楽はゆっくりになるのです。逆に天気が悪くお客さんが「陰」で来ているときは、「小鼓」の湿った奥行きのある音色が聞こえる。小鼓は偶数拍をおもに受け持ちますから、音楽のスピードは思わず速く、そして華やかになるのです。役者に依存することなく、楽器そのものにシステム（陰陽の効果）を入れているのです。

能の中には、ほかにもこうした例を多く見ることができます。世阿弥は「こうしなさい」と命令せずに、能の構造の中に、能をうまく生かせるシステムを入れることで、伝統、すなわち天才に依存しないシステムを作ったのです。

能の650年続いた理由。次は「初心」です。観阿弥・世阿弥父子の言葉で一番有名なのが「初心忘るべからず」だと思います。世阿弥は

【大鼓と小鼓の関係性】

	大鼓	小鼓
陰陽	**陽**	**陰**
拍子	**奇数拍**	**偶数拍**

さまざまなところに陰陽（いんよう）の考えが見られる能。おもに大鼓が陽を受け持って奇数拍を打ち、小鼓が陰を受け持って偶数拍を打つ。

さまざまなところでこの言葉を使っていて、意味もそのときどきによって少しずつ違うのですが、少なくとも私たちがいま使っているような意味では使っていませんし、この言葉の定義もしていません。

そこで、まずは「初心」とは何かを考えてみましょう。初心の「初」という漢字は、左側が「衣」で、右側が「刀」です。これからわかるとおり、衣に関係する文字です。昔の中国の字典である『説文解字』には「裁衣の始めなり」とあります。

衣を作るときには、最初に反物に刀（はさみ）を入れなければなりません。それが「裁衣の始め」です。反物に最初にはさみを入れること、それが「初」です。京都の西陣で織られたとても美しい反物にも、はさみを入れなければ衣を作ることはできません。

すなわち「初心」とは、「新たな次の段階に行くときには、かつての自分を切り捨てなさい」ということなのです。そして、「それを忘れず、どんどん過去を切り捨てて進みなさい」というのが、「初心忘るべからず」です。

世阿弥は、「時々《じじ》の初心忘るべからず」と言いました。時々《じじ》というのはその時々《ときどき》の初心です。人は成長の過程で、さまざまな時々があります。最初は親とすごしている。それから親と別れて保育園・幼稚園に行く、小学校に行く、中学校に行く、高校に行くなどし、やがて就職する、結婚する、子どもが生まれるなどといろいろ変化をします。それが「時々」です。そして、その時々に変化するごとにどんどん過去を切り捨てなさいと言うのです。

また、「老後の初心」という言葉もあります。私の師匠は80歳のときにテレビ放送で自身の舞台をご覧になって、「みっともないから引退したい」とこぼしたら、周囲の人から「若いのに何を言っている」と言われました。能の世界では80歳はまだ若いんです。

しかし、若いときの初心と老後の初心とではその怖さが違います。以前、私はある方の体の調整[2]をしました。その方は脳梗塞にかかり、半身が麻痺されたのですが、施術によって腕が伸びるようになったのに感動されて、ご自分の着物を私に合わせてあつらえてくださいました。知り合いの着物屋さんに聞くと、もし今その着物を作ろうとすると５００万円はすると。５万円の着物にはさみを入れるときと、500万円の着物にはさみを入れるときは、怖さが全然違います。

年をとればとるほど身についたものが多い、価値もある――それでもそれを切り捨てなければならない。人は死ぬまで生きています。いくらお医者さんから「余命何カ月」と言われても死んでみなければわからない。いくつになっても変化はする。だから切り捨てよ、これが老後の初心です。

初心によって能は変化し続けてきました。

能にはわかっているだけで四つの大きな変化のフェーズがありました。四つとは豊臣秀吉の時代、江戸時代初期、明治時代、太平洋戦争後です。なかでも一番驚くべき変化は2番目の江戸時代初期です。何が起こったのかといえば、能が急にゆっくりになりました。速くなったのではなく、ゆっくりになったのです。それ以前の能は、今の能の2倍か3倍の速さだったのではといわれています。

ひとつの謡《うたい》を今の能のスピードと、これを3倍にしたスピードで謡ってみますね。

2 安田さんは、ロルフィングと呼ばれるアメリカ発祥のボディワークの資格所有者。

（謡のデモンストレーションをする）

まるでラップです（笑）。当時の能は今のラップのようなスピードで謡われていたのかもしれません。

それが突然ゆっくりになったのですが、こうした変化を受け入れられるのが、実をいうと能楽師なのです。なぜなら稽古の過程で、初心の過程がいっぱいあるからです。今まで身につけたものを師匠からばっさり切られると、すさまじいショックを受けます……。次に行くとまたばっさり切られる……稽古の過程で、こうした経験をいろいろと身につけているわけです。

では二つめに行きましょう。能を考えるうえで重要なこと、それは「自律性の芸能としての能」です。

自律性は英語でautonomy（オートノミー）です。オートノミーとは古代ギリシャ語の「αὐτός（自分自身の）＋ νόμος（法律）」に由来する語で、ルールが自分にあるということです。

能を初めてご覧になると、おそらく98パーセントくらいの方は「なんだかよくわからない」と感じるはずです。そうするとお客さんは二つにわかれます。「観に行くのをやめる人」と「勉強を始める人」です。後者のお客さんは、古典を読んだり、能の台本を読んだり、熱心な人は能を習い出すこともあります。入り口は示すけれども、あとはそちらから来てくださいと、観客自らの行動や意志に任せるのが自律的な芸能です。

自律性（オートノミー）の対義語は、他律性（ヘテロノミー）です。他律性の芸能は他者、すなわち制作側にルールがある。たとえばハリウッド映画の大作のように、作っている人が「どうだ、見ろ」と提示し、観ている人は「おお、すごい」となる、わかりやすいのが他律性の芸能です。

この他律性の芸能は消費されます。最初にもお話ししましたが消費される芸能は飽きられ、捨てられる運命にあります。しかし、これは観客が悪いのではありません。人とはそういうものなのです。

たとえば困っている人がいて、その方に何かをしてあげたとします。相手は最初「ありがたい」と思います。ところがそれを続けていると、それが「当たり前」になってきます。そして、いつの間にか「もっと」となる。要求がエスカレートして応えられないと、こちらが恨まれたりする。

これは悪いことでも何でもない。それが人間の性質なのです。

モノクロでカチャカチャ動いているだけでよかった映画は、音が欲しくなり、色が欲しくなりました。大きい画面になり、3Dになり、4Dになるなど、どんどん観客の要求に応えるために進化しています。しかし、やがては飽きられるのです。映画がおそらく650年ももつとは思えない。VRに取って代わられるかもしれません。

逆に、能はこちらからは行かずに観客に「来い」という。行かないことによって、みなさんの自律性を引き出そうとするのです。

1980年代、日本ではマーケティングがはやりました。マーケティングは「お客さんが欲しているものを差し上げる」ことですよ、と。しかし、これを芸能でやりすぎると他律性になってしまうのです。むしろ差し上げない。「欲しかったらお前が来い」というのが能なのです。

最後に「個を超える」というお話をしたいと思います。

明治以降、西洋文明をお手本にして発展してきた日本は、文化や考え方までも西洋化しようと努めてきました。そのひとつに「個」の重視があります。

「個（individual）」とは、これ以上「分け（divide）・られない（in-）」存在をいいます。個の確立はアイデンティティの確立でもあり、いまは小学校でも「自分」が誰であるかを語ることが求められます。個性化などともいいます。

しかし日本は本来、「個」を重視しない国でした……というよりも、「個」ということが何だかわからない国でした。それは「個」という漢字に訓がないことによっても明らかです。

では、代わりに何があったかというと「やはらぎ」です。漢字で書けば「和」です。

聖徳太子は十七条憲法[3]の最初に「和《やはらぎ》を以《もっ》て貴《たふと》しと為《な》し」と書きました。「和」こそがもっとも貴いものだとおっしゃったのです。

聖徳太子が使った「和」は、もともとは「龢」という漢字でした。「龢」という漢字の左側の下には「冊」という文字が見えます。これは竹を束ねた形です。

昔は竹や木を束ねて本を作ったので1冊、2冊と言いました。しかし、この字は上に「口」が三つ付いています。これは、その竹が笛であることを示します。すなわち、左側の「龠《やく》」という漢字は何本もの笛を一緒に鳴らして、それで調和するという意味です。

孔子は「和して同ぜず」と言ったように、和（龢）の対義語は「同」、同じことをすることです。「和」とは、みなが違ったことをしながらも、そこに調和が生まれることをいいます。

能には演出家がいません。舞台監督もいません。そして、舞台に集まっている演者は、それぞれ違う流派に属しています。持っている台本も違います。それなのに一緒に稽古もしません。「こうしよう」という合意も取りません。集まった一人ひとりが自分で決めたことを演じる。しかし、そこに調和が生まれる――それが「和」の芸能、能なのです。

そのために必要なことが二つあります。一つは、おたがいのことを理解しているということです。私はワキ方といって、謡を謡うことをおもな職務としていますが、しかし稽古の過程で舞《まい》も学びますし、笛や鼓などの囃子《はやし》も学びます。

3 聖徳太子が制定したといわれる日本最古の成文法。

舞台でそれを披露することはありませんが、ひと通りは学ぶのです。たとえばバイオリニストがトランペットもオーボエもティンパニーも学ぶというようなものです。

もうひとつは「我《が》」を捨てるということ。一人ひとりが「我」を張っていては「和《やはらぎ》」の舞台は成り立ちません。舞台の成員が一人ひとり違うだけではありません。「私」という一人の中にもさまざまな自分がいます。多層的な個、それが「私」です。「私（個）」なんてものは本来、ありません。舞台を構成する全員が、おのれの自我を捨てることによって、今まで存在しなかった、まったく新たな存在の出現を俟《ま》つ――それが「和」であり、「個を超える」ということなのです。

初

第2部【パネルディスカッション】

世界を変えるキーワード

乾 正博

いぬい・まさひろ／持続可能経済協会世話人・理事。シン・エナジー株式会社代表取締役社長。1971年神戸市生まれ。93年、洸陽電機エンジニアリングに入社し2015年より現職。18年4月に社名をシン・エナジー（株）に変更し、再生可能エネルギーと新電力事業を展開。

鈴木悌介

すずき・ていすけ／持続可能経済協会世話人・理事。鈴廣かまぼこグループ取締役相談役。小田原箱根商工会議所会頭。1955年小田原市生まれ。1981年から91年まで米国ロサンゼルスにて、スリミ、かまぼこの普及のため現地法人の立ち上げと経営に当たり、帰国後は家業である鈴廣の経営に携わる。

町野弘明

まちの・ひろあき／持続可能経済協会事務局長・アドバイザー。一般社団法人ソーシャルビジネス・ネットワーク代表理事。2001年、ソーシャル・マーケティング専門のコンサルティング会社、株式会社ソシオエンジン・アソシエイツを創業し、代表取締役社長に就任。以後、新たな社会経済システム／モデルの実装・実証を図る各種プロジェクトを開発・推進。

安田 登

やすだ・のぼる／→182ページ参照

町野弘明（以下、**町野**）：第1部の講演で福岡伸一さまと酒井里奈さま、第2部の講演で安田登さまにお話しいただきました。これから安田さまを含めて、鈴木悌介さま、乾正博さま、そして私の、4人によるパネルディスカッションを始めます。

鈴木悌介（以下、**鈴木**）：私は神奈川県の小田原でかまぼこ屋を営んでいます。食の仕事に携わるなかで、今日はあらためて考える機会をいただきました。

福岡先生の「人間の体は絶えず細胞が入れ替わっていて」という話から、ふと、細胞は何を原料にできているのだろうということに思いが至りました。細胞はまさに、私たちが自分で選んで、口に入れる食べ物からできていると、身に染みました。食べ物が体にいいとか悪いとか、そのような生易しい話ではなくて、食べ物が自分の体を作っている――そういう仕事をしていることは責任重大であり、やりがいがあるとあらためて思いました。

加えて、福岡先生の話、酒井さまの発酵の話もそうですけれども、本当に人間以外の生物は細胞が勝手にといいましょうか、勝手におたがいにコミュニケーションを取りながら、最適な組織運営をしている、とも。

町野：自己組織化のお話ですね。

鈴木：そうですね。安田先生からは「能楽師はすべてのものを勉強して、何にでもなり得る、演出家がいない」というお話もありました。誰が演出をするのだろうか、と興味が湧いています。

中小企業、小さな会社の経営者の立場から、リーダーシップはどうあるべきか――小さな会社でも組織として動いていますので、これからの組織の在り方を教えていただければと考えています。

町野：乾さんはいかがですか。

乾正博（以下、**乾**）：みなさんこんにちは。乾と申します。今日、初めて私を見た方は、和服姿の私を見て「よく着られるのかな」と勘違いされていらっしゃるかもしれません。実は七五三のときに着たかどうかを覚えていないぐらいの着物です。

今日のお話を聞いて、みなさんは歴史や生物、細胞がいろいろなエコシステム、自然な流れで動いていることをなんとなく実感されたと思います。

一方で、現実に近いところで勘違いはよく生まれる、とも感じます。すでに幸せを循環させるシステムは狂っていて、教育や企業の成り立ち、いわゆる教育方法や企業の設計図などもおかしくなってしまっているので、次の世代にバトンを渡せていません。酒井さんから「希望のバトンをつなぎたい」というお話があって、私もそう

持続可能経済協会の世話人である乾氏（上）と鈴木氏（下）。

願う一人です。

また、熊野（英介）さんとの出会いを思い出しました。「協会（持続可能経済協会）を始めたい」と聞いたとき、私は「まどろっこしい」か「回りくどい」かなど、どの言葉を使ったのかは忘れてしまいましたが、それより「動きましょうよ」というニュアンスの言葉を返しました。私は、もう実業家としてやっているのだから、という考えからでした。今から5年以上前の話です。

ただ、熊野さんは「違う」と。「仲間の輪を広げていく必要がある」とおっしゃいました。仲間内ですから申し上げますと、熊野さんは思想が強いと私は思っておりまして（笑）、かたや、私のようにもう少し事業化に近い人間がいてもいいだろうと思って協会に入り、活動を通じていろいろと学びました。

今日、福岡先生をお招きして、その知見を思想に生かそうというアイデアも素晴らしく、心の中に響く話がいろいろ聞けたと感じています。

町野：ありがとうございます。鈴木さんのご質問もふまえて、安田先生にも少しお話しいただければと思います。

安田：鈴木さんがおっしゃる通り、能の舞台には演出家がいません。さっきも申しましたが、能の舞台に関わるさまざまな人は、ほとんど全員が違う流派に属しています。違う流派に属しているということは持っている台本が違うということです。しかも、一緒に稽古はしません。二日前に一度「申し合わせ」というものがあることもありますが、これがないこともあり、現場で初めて会って突然上演が始まることもあります。そのときに「生成」されていく、それが能です。

ただ、全員が「この能を成功させる」という目的はしっかりと共有しています。むろん、舞台を引っ張っていく人はいますがそれはテンポラリーで、さっきはシテ（主役）だったけれども、いまは大鼓《おおつづみ》の人、いまは笛の人と絶えず変化しています。

聖徳太子が「和《やはらぎ》（龢）をもって貴《たふと》しと為《な》し」と言ったと先ほども申しました。ある演目を演じるときに、全員が違う流派だし、レベル的にも均質ではない。解釈も違っている。その違う人たちが一緒に集まりながら、そこに調和的な状況をつくるのが「和」なのです。

また、これも基調講演でお話ししましたが、能では一人の天才に依存するということをしません。その人がどんな天才でも、一人の人間である限り大したことはありません。しかし、目的を共有した人が集まって何かをすると、それまではまったく存在しなかった何かが湧き上がってくるのです。この生成を待つのが「和」なのです。

福岡先生のお話にも似てきますが、私は、議論は「和」の議論をすべきだと思っています。「和」の議論の正反対にあるのがディベートです。ディベートというのは、誰の意見が正しいかを競うゲームです。

「和」の議論は競いません。持ち寄った意見を、まずは全員が一度捨てる。そして、そういう状況でぐるぐるぐるぐるやっていると、誰も考えつかなかったような思いがけない意見が出てきます。「三人寄れば文殊の知恵」こそが「和」の議論です。

能のリーダーシップもそうです。そのように常にころころ変わっていながら、新たなものを生み出すのです。

町野：そこには演出家がいないんですね。

安田：はい。演出家がいると、その人の頭の中のものの再現になってしまうので、それはつまらないと思います。

鈴木：先ほどのお話の中で「天才に依存しないシステム」とおっしゃいました。私たちは、どうしてもリーダーというものは他のメンバーより優れているとか、まとめる力があるとか、技術が高い人とか、その人が組織を引っ張っていくと思ってしまいがちです。

またたとえば、サッカーの日本代表チームは、急造で集められてトレーニングを一緒にする時間がないので成績が残せない、といわれたりします。他方で、2019年のラグビーのワールドカップでは、開催地が日本で、何カ月も一緒に合宿して、同じ釜の飯を食って、おたがいの人となりがわかったので躍進した、と一般的にいわれています。

会社においても同様で、立派なリーダーの下で社員同士がコミュニケーションを密に取ることで、チームワークが磨かれてうまくいく、という考えにとらわれやすいのですが、どのように解釈すればよろしいのでしょうか。

安田：以前、ケント・ナガノさんが指揮するフィルハーモニーと一緒に新作能を大阪で演じたことがあります。観世流の山本章弘師作の新作能『月乃卯（つきのうさぎ）』を私たちが演じ、その間に入れ子のようにシェーンベルクの『月に憑《つ》かれたピエロ』が演奏されました。能楽師は、東京からは私だけで、あとは関西や九州の方たち。フィルハーモニーとのからみもありますが、やはり全員が集まっての練習はしません。

なぜ、そういうことができるかというと、それは、能が「呼吸」を感じ合うことによって演じるからではないかと思います。この呼吸のことを能では「コミ」[1]といいます。これは言葉で説明するのは難しいので、いくつか例を示しますね（会場ではコミが実演される）。

このコミは舞台上では聞こえませんが、稽古の過程でこれを感じることがで

---

1 次の演奏や動作に移るときに気を込めて取る沈黙の間や呼吸。「込」とも書く。

きるようになります。基調講演で、能は「天才に依存しないシステムだ」という話をしました。このコミは天才でなくても身につけることはできます。しかし、簡単ではありません。この簡単ではないということも大事で、天才に依存しないといっても、誰でもすぐにできるものではないのです。それでも身につけることはできる。

拳を鼓に見立てて「コミ」を実演する安田氏。

一人ひとりがそれを身につけていれば、台本は違っても、また一緒に稽古をしなくても舞台は成立するのです。

これを企業に応用することはできるのではないでしょうか。

乾：今のお話と、リーダーシップと、いろいろな細胞の話と、混ぜて話してもよろしいですか。

何というか、結局はリーダーシップとか、細胞が死んでしまうとか、細胞がどうなるか、コミ、能楽師さんのチームで自然体でつながっていく――でも、天才には依存しない。しかし、天才はいるかもしれないということですよね。

赤ちゃんは演技はできないわけですから、やはりわれわれは、経験や違いがある。それぞれがフラットではないということを言いたいのです。

安田：はい。それは言えます。

乾：リーダーシップというのは、リーダーになれる細胞、リーダーになれる能楽師が必然的に出てきて、そういう組織をヒエラルキーと呼ぶのがよいか、フラットと呼ぶのがよいか微妙だと思うのですけれども、自然にリーダーが出てくると思います。

最近は、フラットな組織という風潮がありますが、やはり世代差がありますし、思想や経験も違います。ですので、リーダーが出てくるようにサポートすることを重視しながら、今、組織運営をしています。

先ほどラグビーの話が出てきました。私はレフェリーの資格を持っていて、ラグビーとレフェリーの関係はオーケストラに似ています。試合の完全なる伴奏者であり、指揮者なのです。伴奏というのは、サポートしていくというポジションです。サッカーのレフェリーは、よく文句を言われたりしていますが、ラグビーのレフェリーには権威がありまして、まったく言われないのです。

私は、組織にもそういった神的な存在は必要だと思っています。オーケストラにおける指揮者、ラグビーにおけるレフェリーのような存在が、これからの組織にとって非常に重要になると思っています。

鈴木：私もラグビーが好きで、子どもが小さいときにやっていたことから、ラグビーはキャプテンがことのほか重要だと聞きました。ラグビーのキャプテンは、レフェリーとコミュニケーションをしっかりと取ることが仕事なのだそうですね。チームを代表して、きちっと自分たちの主張をするし、聞くことは聞くという、それがキャプテンシーだと聞きました。そういう感覚からすると、経営者というのは企業経営のキャプテンに近い気がするのですが、乾さん、どうでしょうか。

乾：そうですね。ラグビーは背の高い人や、筋肉のかたまりみたいな体つきの人から、すらっとした人まで、本当にいろいろな多様性がありまして、みなさんそれぞれ自分の役割を理解しています。要は、自分は体が細いので、こんな大きいやつにぶつかってもかなわないからパスを放る、走って逃げる、と。スクラムハーフは背が小さいので、姿勢を低くしてボールを取りにいくみたいな役割をしています。そして、いわゆるキャプテンシーとかレフェリングというのは、やはり指揮者をしているという感覚が非常にあります。レフェリーがうまいと選手はすごくプレーがしやすいのです。

そういう意味では、プロや練習を積んだ人がグラウンドに立つわけです。事業でもそうだと思うのですけれども、毎年レフェリングには講習があって、そういう訓練を経ていかないと人間や組織はなかなか成長していかないということを感じています。

町野：天才ラガーマンだった、亡くなった平尾誠二さんと、編集工学の松岡正剛さんが対談した本の中で、ある意味、ラグビーは編集だと。本当にばらばらで多様な個を生かしながら、それぞれをうまくまとめていくことは、まさに編集工学の手法と一緒という話がありました。組織の在り方みたいなことも、基本は自己組織化でちゃんと自律していながら、どううまく躍ってもらうか、躍らせるか、というところに妙がある気がします。

安田先生が配ってくださった資料の中に、「多層的な個」「自分の自我を捨てて、今まで存在しなかった新たな存在を俟《ま》つ」、そのあとに「主客一体」という言葉も見て取れます。このあたりの考え方は、熊野さんが話された西田哲学の「主客合一」の話とも重なってきます。少しお話しいただいていいでしょうか。

安田：能の主要な登場人物には主人公で

フォーラム全体の司会進行と、パネルディスカッションではモデレーターを務めた町野氏。

ある「シテ」とその相手役である「ワキ」がいます。夢幻能の場合、シテは神や幽霊などの不可視の存在です。それに対してワキは常に生きている人間です。死者であるシテと生者であるワキは、最初に会ったときはさまざまな対立関係にあります。たとえば二人の生きている時間も違う。ワキは過去から現在、未来という私たちと同じ時間の中に生きています。順行する時間です。しかし、シテは過去の存在なのに「今」に突如出現した。彼の生きている時間は永遠であり、そこから現在にさかのぼるという、遡行する時間の中に生きています。しかし、これはただ方向性の違いだけではありません。ワキの時間が過去という点から「今」という点を通って未来へとつなぐ直線の時間だとすれば、シテの時間は永遠という漠とした時空間から「今」という点にふと触れた、球体間の接点のような時間です。

そんな二人ですから、最初は会話も全然かみ合わない。ところが、この二人が会話をしているうちに、いつの間にか一緒になってくるのです。それは「共話」という言語構造によってなされます。

「共話」というのは日本語に特徴的な言語構造で、たとえば今日地震があって、二人が出会ったとします。すると……

Aさん：「今日の地震」

Bさん：「大きかったよね」

……という具合に二人で一つの文を作っていく。本来はAさんがひとりで「今日の地震、大きかったよね」と言うべきところを二人で一つの文を作る。これを「共話」といいます。

英語などでは、話を途中で遮らずに相手の話を最後まで聞いて、それに対して答えるのがいいといわれています。ダイアローグ（対話）です。ところが日本には、この共話がとても多いのです。

ディベートのような議論するときは共話にはなりません。基調講演でもお話ししましたが、日本の議論は「和の議論」、三人寄れば文殊の知恵になる議論が理想です。そのためには共話が必要です。

共話は、それぞれの共通点を見出しながら、さらに深めていくものです。そして、深めていくと話している人たちの誰が言ったかもわからなくなります。

乾さん、鈴木さん、私の3人で2時間ぐらい話して盛り上がっていくと、結局、「あれ、これって誰が話したんだっけ」、「誰が話したかわからないけれども、何かいい話が出てきた」となるのが共話なのです。こうなったときには主客の差はなくなります。

能の場合は、シテとワキの話が盛り上がると、最後は、地謡《じうたい》といってコーラスグループが二人の会話を引き継ぎます。すると、それまでたとえば感情のことを話していたのに、突然、風景を謡ってしまうということがよくあります。登場人物の主客の差がなくなるだけでなく、いつの間にか二人の思いは風景に溶け込んでしまうのです。

みなさんもご存知の唱歌に『朧月夜《おぼろづきよ》』という歌があります。この歌は1番、2番を通じて一つも感情表現がありません。しかし、なぜかこの歌を聴くともの悲しさを感じます。感情表現がないのに感情を感じるのです。日本人は風景にすら感情を感じることができる。それを本居宣長は「もののあはれ」と言いました。もののあわれの「あはれ」は「ああ」というため息からできた言葉です。

桜を見ても「ああ」と感じ、月を眺めても「ああ」と感じる――それが「もののあはれ」です。

二人の間だけではなく、自然すらも含めて一体化してしまうのが能という芸能なのです。

町野：共話という言葉があるのですね。

安田：はい。このごろ、注目されています。

鈴木：安田先生のお話にあった、日本人同士のコミュニケーションは言わないでもわかるということについて、私も同様の原体験があります。

若い頃、10年間アメリカで仕事をしていました。訪れて間もないころ、レストランにご飯を食べに行こうと連れて行かれたとき、ホスト役のアメリカ人が「鈴木、何か飲むか」って聞いてくれるわけです。いきなり「ビールが欲しい」と言いづらかったので、飲みたいのだけど遠慮した雰囲気を出していました。

日本人同士なら、「いやいや鈴木君、そう言わないで。僕も飲むから付き合ってよ」、と水を向けてくれるものですが、アメリカ人の場合は「飲まない」と言ってしまうと、この人は酒を飲まないと理解されて二度と聞いてくれなくなるわけです。ずっとなぜかなと思っていたのです。

日本人には何かわかり合える基本ベースみたいな価値観があり、言わないほうがわかるとか、言わないほうが伝わるというのは、昔はあった気がします。

町野：以心伝心みたいなものですね。

鈴木：そうですね。「ここまで言っちゃおしまいね」が日本人同士にはわりとあって。最近は、世代を超えて多様性や個性を大事にしなければならないなかで、なかなか意が通じない人たちや、何を考えているのかよくわからない人が増えている気がします。

会社には若い人がどんどん入ってきます。いろいろな個性があって、能力が違って、得意技も違います。会社としては一つの方向性のなかでパフォーマンスを上げてもらうことが必要です。同じ日本人同士でも、昔ながらの日本人同士のコミュニケーションのベースが変わってきているので、どう接していけばいいのかと、少し感じるところがあります。

町野：乾さん、いかがですか。

乾：今、私はシン・エナジーというエネルギー会社をやっていて、社員は約150名です。売り上げ300億円ぐらいでやっているのですけれども、近年のエネルギー高騰によって荒波のなかにいます。そのようななかでも常々思っていることは、簡単に会社はなくならない、そして別に死ぬわけではない、ということです。ですから、深く考えすぎないようにしています。

少し話がそれますが、組織づくりは時間がかかると思っています。会社には今期、来期、再来期といった区切りがあるものの、極端に言うとそういうことはどうでもいい（一つのKPI[2]としては重要だと思っています）と。

たとえ話をすると、ある土曜日に若手から「たき火会」をやりたいと誘われて、

2　重要業績評価指標。

新神戸駅からすぐ着くのかなと思ったら30分ぐらい歩かされまして（笑）。昼の2時から夜の11時までたき火会が続くなか、5人とほぼ仕事の話です。本当に仕事の話ばかりしていました。

そこで出たのが、「君たちの次の世代も入ってきているので、もっとちゃんと立て」という話と、「それは利己じゃなく利他だよ」と。「僕らもそう思ってるんです」みたいな会話をしていました。ほぼ全員Z世代で、20代です。

ふだんは、人数も多いので私からは気軽に飲みに誘いませんが、誘ってもらえてよかったなと思いました。会社文化をつくっていくには非常に時間がかかりますので、こういう機会は大切です。

こういう会話に、根源的なところにこだわっておかないと、数字とか売り上げとか、そういったものに意識が強く寄ってしまうと良い文化にはならないと思います。

町野：組織化とか組織づくりは、みなさんいろいろ苦労されているのではないかと思います。何かお聞きしたいことがある方はいらっしゃいますか。

――会場からの質問

植松：シン・エナジーの植松です。能が非常に長く続いていることがよく理解できました。そこで質問なのですが、能が長く続いている理由は、結果的に「能がそうだったから」ということなのか、それとも能はいろいろ分裂があって、今生き残っているのが「初心忘るべからず」といった精神を持っていたからなのでしょうか。

通常、生物もよく進化して、その環境に適応したものが残るといわれるのですが、逆に能は、環境に適応しなかったのに残ったというのが、とりわけ異質だなと思いました。先生はそれをどのように勉強されて、理解されたのかを教えていただければ、と。

安田：実は「能」という言葉は、本来は芸能全般をいった言葉で、そういう意味では多くの能がなくなっているといえます。いま私たちが演じている世阿弥由来の能は、明治時代になるまでは「申楽能《さるがくのう》」と呼ばれていました。この申楽能は観阿弥・世阿弥時代からずっと続いています。いろいろな能がなくなるなかで申楽能が残ったのは、やはり世阿弥たちのつくった仕掛けなどによってではないかと思われます。

申楽能（以下、能）にも危機は何度もありました。最大の危機の一つが明治時代のものです。

江戸時代、能は幕府の「式楽」でした。式楽というのは正式な場所で上演される芸能という意味です。能楽師の身分は武士で、幕府に所属していました。いまでいえば国家公務員です。江戸幕府の崩壊は、いわば国家がなくなったようなものです。公務員は失職します。幕府が式楽として認めていたものは、能以外にも平曲《へいきょく》（平家琵琶《へいけびわ》）や幸若舞《こうわかまい》もありましたが、いまでも命脈を保っているのは能だけです。

なぜ残ったのかのお話を基調講演でしましたが、しかしもっとも重要なことがもう一つあります。それはとても単純化していうと、能楽を演じる能楽師が、本当に能を好きだったからです。幕府が崩壊して能を上演する場所がなくなってからは、ある能楽師は橋のたもとで謡《うたい》を謡い、投げ銭で生活していたといいます。いまの国家公務員でそれができる人が何人いるでしょう。そこまで、自分の仕事が好きな人がどのくらいいるでしょうか。
私は最初、公務員として働き、途中で能楽師になりました。驚いたのは能楽師の全員が、何歳になっても本気なのです。80歳になっても90歳になっても本気なのです。舞台で死んでしまうぐらいに本気なのです。この「全員が本気である」ことはとんでもなく大事だと思っています。
能がいまでも続いているのには、たぶん、これこそが最も大きな理由ではないかと思っています。

町野：ありがとうございます。今日のテーマは「世界を変えるには」です。最後にみなさんからひと言ずついただいてよろしいですか。

乾：ひと言を私は熊野さんにぶつけるつもりで虎視眈々《こしたんたん》と待っていました（笑）。酒井さんから「世の中を変えるにはどうすればいいですか」という質問がありました。そのとき「自然に変わっていきます」というふうに答えられました。実は今日のテーマ、もともとこの会を企画したテーマは、「われわれが駆動力になる」ということと相反しているのではないかということを、熊野さんにぶつけたいんですね。どうでしょうか、やっぱり自然に変わっていきますか。

熊野英介：はい。ありがとうございます（笑）。無責任に「自然に変わる」というのではなくて、今はもうどうしようもなく、今までの価値観にこれ以上しがみつくのはもう無理だということと、では新しい価値観とはどのようなものなのかというのが、おぼろげながら認識されるようになってきたという意味なのです。だから「まだ早いよ」と言われながら――われわれは5年前に持続可能経済協会を立ち上げたとき、「まだ早いよ」と言われました。しかし、今となっては多くの人が「もう駄目だろう」と感じる状態に来ていると思うのです。その認識が「自然に変わる時期が来た」という表現になったわけです。僕らが認識の中で変えなければならないのは、ひと言でいうとおそらく時間だと思います。時間についての概念を変えない限り、効率性を重視する時間的生産性の価値観から抜け出すことは難しいです。その点で、今のZ世代の若者は時間の豊かさという質の重要性を感覚的に身につけているような気がします。キーワードは、次の時代は価値生産性の時間が始まる――そんな気はしてます。答えになっていたでしょうか。

乾：最後に熊野節、ありがとうございました。

鈴木：今日はいろいろなお話を伺って、頭の中の混迷を整理したいという状況ですが、会社の経営という視点から、会社がどのように世の中の役に立つのか、最近の言葉ならミッションやパーパスが、これまで以上に重要になっていると感じました。それをしっかりと自分の言葉でわかりやすく、若い方もそうでない方も含めて伝えられる能力が、これからの本当のリーダーに求められることであり、なおかつ、リーダーシップの在り方や組織の在り方は、おそらく千差万別なのだろうと思いました。

私の会社は今年で創業157年目になりました。世代が交代するなかで、何十年も会社を支えてきたベテランの社員もいますし、今年入ってきた社員もいます。コロナがあって、それでも変えてはいけないこと、コロナがあったからこそ変えなければならないことをしっかり見極めながら、そのうえで会社がどのように世の中に役に立つのかを、本当に真剣に、真面目に考えて、社員に伝えていくことに尽きると思いました。

安田：私はいま関西大学でメタバースと日本の古典との関係の授業をしています。いまはＡＩが驚異的な進歩をしている時代ですが、だからこそＡＩは終焉に向かっていると思います。

ＡＩの一番の問題は、ＡＩは自分で自分のプログラミングを書き換えることができないということです。少なくとも走りながら自分で書き換えることができない。誰かが書いたもので走っています。

プログラミングは「if and then」、すなわち「もしこうなったらこうなる」という文法で書かれることが多い。プログラマーが、事前にさまざまな「if」を想定してプログラミングし、その予測の上で走っている。

この「if（もし）」を文法では従属節といいます。

たとえば、明日が運動会で、それをとても楽しみにしているＡ君がいるとします。彼に「明日雨だったら運動会は中止ね」という文を言うときに、英語だったら「明日雨だったら」を「If it rains」とか「When it rains」を最初に言って、これが従属節であるということを明確にします。しかし、日本語の場合は、「明日雨……」と言ってA君が悲しそうな顔をしたら、「明日雨……なんか降るわけないよね」と変えることができる。

これは日本語には純粋な意味での従属節がないからです。その場に応じて、自由に変えることができます。

このように、「途中で変えちゃおう」と、自分で書き換えることができるプログラミングができたときにAIは終わり、新たなものが出現し、世界も変わると考えています。そこで使われるのは、自律的（オートノミー）なプログラミング言語であり、それは基調講演でお話したオートノミーな芸能に通じるものです。

そして、これを作ることができるのは従属節のない日本語や中国語などの言語ではないかと思っています。ですから、若い人にそういうプログラミングを真面目に考えてもらいたいと思って、学生たちにいろいろと話をしているところです。

ちなみに、人間の「心のプログラミング」も本来は自律的なものです。いまの状況に合わない心のプログラミングは書き換えた方がいいよと孔子は言いました。それが「過《あやま》ちては則《すなわ》ち改《あらた》むるに憚《はばか》ることなかれ」です。しかし、いまの人はなかなかそれを書き換えようとはしません。自分の心の働きは、親や社会によってつくられたものだから仕方がないと思い込んでいます。簡単に「トラウマ」だなんて言ってしまう。他律（ヘテロノミー）だと思ってしまっているのです。これは人間がＡＩ化しているということです。

プログラミングが自律に向かうのに対して、人間が他律に向かっている。ＡＩに人間が乗っ取られるのではという議論がありますが、それはＡＩの進歩だけでなく、人間のＡＩ化によって加速するのではないかと思っています。

町野：ありがとうございます。

限られた時間の中でのディスカッションで、議論を尽くせたとは言えない部分もあったかもしれませんが、予定調和的に解答を作るよりも面白いものになったのではないでしょうか。パネリストの3名に拍手をいただければと思います。

本日は第1部、第2部と通して4時間という非常に長丁場のフォーラムとなりましたが、ご清聴いただきありがとうございました。

おわりに

「Transforming our world：世界を変える」閉会のあいさつ

本日は持続可能経済協会のこのただならぬ企画に、最後までおつきあいくださり、お疲れさまでした。質問もすばらしかったです。みなさま、それぞれのメンバー企業から来ておられるので、シャープな問題意識をお持ちだと感じました。

私自身は今、２０５０年問題――つまり、地球環境破壊による持続可能性の危機を２０５０年までに解決するという課題に取り組んでおりますが、もしかすると、この協会はさらにその先を行っていたのではないかと思います。

まずは２０５０年問題ですが、すぐ来てしまいます。今から30年弱ですから。

しかし人類は、気温上昇1・5度以下への抑制も2度以下への抑制も十分に達成できないでいます。おそらく、これから気候変動で相当な混乱が生じると予想されます。国連はこの問題に関して、IPCC（気候変動に関する政府間パネル）、FCCC（気候変動に関する国際連合枠組条約）など、すばらしいリーダーシップを発揮してきました。ただ、その一方で常任理事国が戦争をやっているというような、限界見え見えの状態です。気候危機の問題の解決への詰めも不十分になることが予想されます。この現状から、人類はどうまともな状態になっていくのでしょうか。30年ほどでは無理でしょうね。

こういった現代世界の課題に、熊野さんは、果敢に挑戦されてきました。島国の一般的な日本人にはなかなかできないことですね。日本人は世界をマネージするという見方が苦手です。第2次大戦の末期、1945年に日本は負けましたが、アメリカ国務省はそれに先立つ1942年10月にすでに、戦後の世界秩序を統括する国際的機構の検討を始めていました。それは同年6月のミッドウェー海戦後の状況判断とはいえ、11月のソ連軍によるスターリングラードの反撃や翌年1月のガタルカナル島からの日本軍撤退の前でした。そして、日本全土が空襲にあっていた1945年の5月には、50か国の代表をサンフランシスコに集めて、戦後処理をしようということで国際機構に関する連合国会議を開いたのです。そのために2カ月間も会議をやったのです。大戦争をやりながら、日本にはまったく世界が見えていなかったんだなとつくづく思います。

では、今日はどうでしょうか。今回の議論の中では、世界を見るうえでの日本語の限界というお話もありました。もちろん、完全に見えていないからといって日本に価値がないとはいえないでしょうね。このへんについても今日はすばらしい示唆をいただいたのではないでしょうか。

福岡先生のレーウェンフックのお話は、私自身も小さいときに顕微鏡を作って見ていた人間なので、うれしく聞きました。見える化したことによって、世界ががらりと変わったというお話でした。今回のいろいろな話題の展開のなかで、少し課題や未来が見えた気がしました。

それから酒井様の美しい循環の話。やはり非常に心に響くものがありました。これからの企業の在り方の試みとして、リーダーシップという言葉がいいかどうかわかりませんが、先陣を切っていただいていることはすばらしい。ぜひ、頑張っていただきたいと思います。

それに続いて、安田先生の６５０年以上続いている能のお話については、私の理解が不十分だということは承知しておりますけれども、持続性についての重要なヒントがあったと思います。

最後に、「時間」について。なぜわれわれが今この危機にいるかというと、近代化によって時間が速く動き過ぎたのではないかという熊野さんの議論がありました。江戸時代は、熊野流に言えば「定常社会」で、その中でどんどん文化が発達していった。そのまま続いていたとしたら、それなりに文化は立派に発展していって、時間はかかるかもしれないけれども、非常にいい調和が出てきたのかもしれない。しかし、そこに化石燃料、石炭が現れ、石油が登場して、ものすごく速い形で、今日のテーマである資本主義がエコでない形で展開してしまった。資本主義は、特に最初の頃、ひどい社会状態をつくり出し、そこからマルクスも出、レーニンも出て、物量としての労働者の力というのが出てきた。その展開自体が間違っていたとは必ずしも思っていませんが、挙げ句のはてに今のロシアの問題があり、また中国の問題がある。それらの問題を含め、文明はどこへ行くのかという熊野さんが提起された問題は、「持続可能性」の最も根本的な問題であったと思います。

いずれにせよ、日本は世界を見据えて、日本が果たすべき役割を見出していかなければならないと考えます。今回の、講演、鼎談、パネルディスカッションは、そのための貴重なヒントをいろいろな角度から示唆して下さいました。登壇者のみなさまにお礼申し上げます。また、このフォーラムを企画調整された事務局の町野弘明さん、服部直子さんは、もしかすると一番大変だったはずです。やりましたね！　とねぎらいつつお礼を申し上げたいと思います。

ということでみなさまには、今日のフォーラムを機に次の新しい動きをつくり出すための、新しい仲間になっていただけたらと思っております。

長くなってしまいましたが、これであいさつを終わりたいと思います。ありがとうございました。

2022年11月28日 堀尾正靭

【後記】

資本主義文明はどこへ行くのかという、熊野さんの提起されている問題を考えるうえでも、日々進展している気候危機への対応は、2030年という節目が近づく今の焦眉《しょうび》の課題であり、同時に、2100年に向けた長期の課題でもあります。「次の新しい動き」をつくる際には、気候危機対策との関係を、掛け声ではなく実質的に、より強く打ち出していく必要があると思います。また、ChatGPT-4に代表される、自然言語生成AIのもたらす社会的混乱の可能性にどう対処するかも、文明の持続性に関わる重要な課題だといえます。

本書の出版にあたっては、木楽舎の小黒一三社長、大石美樹さん、笹浪万里江さん、ほかスタッフの方々が大変な編集の労をとってくださったことに感謝の意を表します。

堀尾正靭

ほりお・まさゆき／持続可能経済協会世話人・アドバイザー。東京農工大学名誉教授、元龍谷大学政策学部特任教授、一般社団法人共生エネルギー社会実装研究所所長。早稲田大学招聘研究員。1943年愛知県生まれ。専門分野は化学工学、流動層工学、粉体反応工学、環境・エネルギー工学。

持続可能経済協会(Sustainable Economy Association)とは?

人間の尊厳と、多様な生命の尊厳を守ることを目的として2017年に設立された、企業経営者有志の会です。利益のみを追求する資本主義の限界を超え、人類共通の社会課題の解決を通じて、社会価値と企業価値の双方を同時に創造するような未来設計と、持続可能な市場の開発を目指しています。

新しい市場(ブルーオーシャン)を手に入れるという目的に英語名の頭文字を重ね合わせて、SEAと呼んでいます。

活動方針と三つのミッション

企業の有志連合を形成するために、会員の有する技術や関係性を活かしたプラットフォームを提供することにより、生命の尊厳を守るための社会革新(Innovation3.0)を起こし、持続可能社会市場を開拓することを目的とします。その実現のために以下を図ります。

■社会価値と企業価値の向上を叶える事業のプロトタイプ形成
■コンソーシアム型プロジェクト事業の立ち上げ
■未来志向の企業による持続可能社会市場の開拓

持続可能経済協会の歩み

2017年度 ◎ 2017年6月3日 設立

● 未来構想研究会の開催

2017年7月　第1回未来構想研究会(京都市·建仁寺塔頭両足院)
テーマ:「脱色」
2017年8月　第2回未来構想研究会(京都市·建仁寺塔頭両足院)
テーマ:「編集」
2017年10月　第3回未来構想研究会(京都市·建仁寺塔頭両足院)
テーマ:「統合」
2017年11月　第4回未来構想研究会(神奈川県小田原市)
2017年12月　第5回未来構想研究会(京都市)
2018年2月　第6回未来構想研究会(東京)
2018年2月　未来経営シンポジウム2018
—社会ニーズの市場化に向けて—(東京大学大学院情報学環・福武ホール)
テーマ:「ブルーオーシャンへの挑戦 課題先進国に舵をとれ!」

2018年度◎

● **稚内ワーキング・グループ勉強会**

2018年7月　第1回稚内ワーキング・グループ勉強会（東京）
2018年10月　第2回稚内ワーキング・グループ勉強会（大阪市）
2018年11月　第3回稚内ワーキング・グループ勉強会（北海道稚内市）

● **南三陸ワーキング・グループ 現地視察・勉強会**

2018年8月　第1回南三陸ワーキング・グループ 現地視察・勉強会（宮城県南三陸町）
2018年11月　第2回南三陸ワーキング・グループ勉強会（東京）

● **串間ワーキング・グループ勉強会** 2018年8月（神戸市）

● **未来経営シンポジウム**

2019年2月　未来経営シンポジウム2019
—イノベーションを生み出すメカニズム—（東京大学大学院情報学環・福武ホール）

2019年度◎

● **持続型地域形成事例研究会**
「持続可能な地域形成ワークショップ
—地域の持続可能性を考えるためのデータ整備に向けて—」 2019年10月（東京）

● **関西・西日本実装検討会**

2019年11月　現地視察（京都府舞鶴市）
2020年2月　現地視察（奈良県生駒市）
2020年3月　第1回舞鶴市ミーティング（オンライン開催）
2020年4月　第2回舞鶴市ミーティング（オンライン開催）

● **東北実装検討会「地元経済を創りなおす講演会」**

2020年2月（南三陸WG）講師：枝廣淳子氏（環境ジャーナリスト）
テーマ：「地域住民の意識醸成のための地域内経済循環」

● **大関東実装検討会「小田原フューチャーデザイン・フォーラム」**

2020年2月（神奈川県小田原市）

2020年度◎

● **未来設計会議**

2020年7月　第1回未来設計会議（オンライン開催）
2020年10月　第2回未来設計会議（オンライン開催）
講師：岩崎卓也氏（『ダイヤモンド クォータリー』編集長）
テーマ：「21世紀にふさわしいマネジメントは『日本的経営』の再発見から始まる」
2020年12月　第3回未来設計会議（オンライン開催）
講師：伊藤亜紗氏（東京工業大学リベラルアーツ研究教育院准教授〈当時〉）
テーマ：「利他学から見たコロナショック後の社会」
2021年1月　第4回未来設計会議（オンライン開催）
講師：森田真生氏（独立研究者）
テーマ：「エコロジカルな時代の『生の喜び』」

2022年度◎ **最終フォーラム「Transforming our world：世界を変える」**

2022年11月（京都市）

2022年11月28日に開催された最終フォーラムにて。

Transforming our world:
世界を変える
エコシステム資本主義を目指して

発行日　2023年9月6日　第1刷発行
著者　持続可能経済協会、熊野英介、福岡伸一、酒井里奈、安田登
発行者　小黒一三
発行所　株式会社木楽舎
〒104-0045 東京都中央区築地 3-12-3　well2ビル3階

撮影（最終フォーラム）／吉田亮人
カバー・本文デザイン／長尾純子

印刷・製本　開成堂印刷株式会社

ISBN 978-4-86324-173-2